青少年正能量提升书系

布局力
不做自己人生的局外人

人生不是简单的拼图，而是一种布局

定位决定地位，布局决定结局
如果连梦想都输掉，人生结局只能更悲催

姜　越◎主编

PBUZUO ZIJI RENSHENG DE JUWAIREN
PLANNING ABILITY

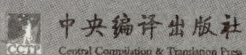

中央编译出版社
Central Compilation & Translation Press

图书在版编目（CIP）数据

布局力：不做自己人生的局外人 / 姜越 主编. —北京：

中央编译出版社，2013.4

（青少年正能量提升书系）

ISBN 978-7-5117-1634-7

Ⅰ. ①布…

Ⅱ. ①姜…

Ⅲ. ①成功心理—青年读物②成功心理—少年读物

Ⅳ. ①B848.4-49

中国版本图书馆CIP数据核字（2013）第 068897 号

布局力：不做自己人生的局外人

出 版 人：刘明清
出版统筹：谭　洁
责任编辑：邓永标　黄大卫
责任印制：尹　珺
出版发行：中央编译出版社
地　　址：北京西城区车公庄大街乙 5 号鸿儒大厦 B 座（100044）
电　　话：（010）52612345（总编室）　　（010）52612363（编辑室）
　　　　　（010）66161011（团购部）　　（010）52612332（网络营销部）
　　　　　（010）66130345（发行部）　　（010）66509618（读者服务部）
ｈ ｔ ｔ ｐ：www.cctpbook.com
经　　销：全国新华书店
印　　刷：北京柯蓝博泰印务有限公司
开　　本：710毫米×1000毫米　1/16
字　　数：210千字
印　　张：16.625
版　　次：2013年6月第1版第1次印刷
定　　价：33.00元

本社常年法律顾问：北京市吴栾赵阎律师事务所律师　　闫军　　梁勤
凡有印装质量问题，本社负责调换，电话：（010）66509618

前 言

有这样一句谚语：再大的烙饼也大不过烙它的锅。这句话的哲理是：你可以烙出大饼来，但是你烙出的饼再大，它也得受烙它的那口锅的限制。我们所希望的未来就好像这张大饼一样，是否能烙出满意的"大饼"，完全取决于烙它的那口"锅"——这就是所谓的"人生格局"。

人生格局，就是磊落坦荡、无私无畏和志存高远的品格；就是不为一时之利争高下，不为眼前小事论短长的气量；就是宠辱不惊，笑看庭前花开花落的风度；就是不管风吹浪打，胜似闲庭信步的豪迈。

如果说我们的社会是人生的金字塔，那么塔顶就是一个万人瞩目的位置。站在那里的人是时代的骄子、上帝的宠儿，他们的一言一行都牵动着每一个普通人的心。如果我们关注他们成功的时候，心理充满了羡慕和崇拜，但是，你有没有想过是什么力量成就了他们的辉煌？

是的，善于规划人生，就是实现人生目标的方案，就是他们登上金字塔顶的有效战略。他们懂得人生真谛，懂得行动、抉择，更懂得用自信的力量冲击人生顶峰。

一个人的命运不是取决于上天的安排,而是取决于他自身的人生格局。很多大人物之所以能够取得成功,是因为他们在自己还是一个小人物的时候就在规划自己的人生大格局。他们有一个开阔的心胸,没有因环境的不利而妄自菲薄,更没有因为能力的不足而自暴自弃。他们在气势、性格和信念上拥有了正常人所不能拥有的东西,能够用发展的、全局的、战略的眼光来看待生活和工作,相信通过自己的努力一定能够获得成功。而那些格局小的人,往往会因为生活的不如意而怨天尤人,因为一点小的挫折就一筹莫展,看待问题的时候常常是一叶障目不见泰山,因此,也就不可避免地成为了碌碌无为的人。

一棵石榴树的种子,如果把它放到花盆里栽种的话,最多只能长到半米多高;如果把它放到一个大一点的盆子里,就能够长到一米多高;如果把它放在庭院的空地上,就能够长到五米以上。虽然是同一个石榴种子,由于生长环境的不同,所获得的结局也就不同。其实,这和我们的人生一样,如果一个人将自己放在一个比较广阔的格局中去,他就能够犹如天空中的飞鸟一样,自由舒展,快乐飞翔。如果他将自己放在一个比较小的格局里面,那么,他就会像鱼缸里的鱼一样,只能通过玻璃去看外面的世界。

小格局是成功的主要障碍。如果一个人被小格局所束缚,那么他就会有一个鼠目寸光般的思维,缺乏创新意识和危机意识,更缺乏主动进取的热情。一个人如果陷在了小格局当中,即使他很有才华,能够在某些领域取得一些成就,那些成就也是有限的。

青少年朋友们,我们要大胆地设置自己的人生格局,规划自己的人生目标,实现自己的人生理想。为此我们倾心奉献这本励志书籍,希望读者朋友能够从中找到属于自己的人生蓝图,实现自己的人生抱负。

目 录

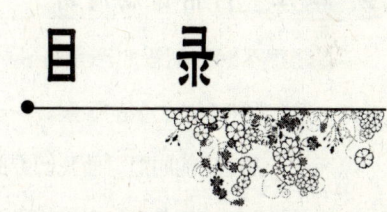

前言 ··· 001

第一章 格局有多大，成功就有多大

心有多大，梦想就有多大；格局有多大，成功就有多大。不同的人有着不同的命运，这主要取决于一个人的格局大小。有大格局的人，能够体验到"会当凌绝顶，一览众山小"的喜悦，而一个格局小的人也只能发出"瞻题蕴精奥，守位重仔肩"的感慨。我们要想取得成功，就不要只停留在羡慕别人的成就上，而是要懂得为自己确立一个大格局。

格局，构造生命的蓝图 ·· 002
格局决定命运 ·· 005
别让有限的格局影响人生 ·· 008
别给自己设限 ·· 011
格局需要稳健的精神气象 ·· 014

志向决定发展格局……………………………………………… 017
规划自己的人生蓝图……………………………………………… 022
人生需要正确的定位……………………………………………… 024
认识自己才能准确定位自己……………………………………… 026
别把自己放在失败的格局里……………………………………… 028

第二章 自信铸就成功

坚定不移的积极心态是打破和超越自我限制、创造人生新境界的原动力，是把思考变成力量的源泉。一旦我们具备了积极的心态，就为自己的人生点亮了一盏成功的心灯，使我们更加坚定地前行。"自信是成功的第一秘诀"这是爱默生的一句名言，自信的确能够推动着我们走向成功之路，因为它能够产生一种让人无法想象的力量。成就大事者必须要有自信这盏心灯。

自信是通向成功的入场券……………………………………… 034
做自己梦想的主人……………………………………………… 036
相信自己一定可以……………………………………………… 040
自信成就辉煌人生……………………………………………… 044
肯定当下的自己………………………………………………… 048
用自信撑起一片天……………………………………………… 051
马云：我相信"相信"…………………………………………… 054
经营长处：用优势铸造自信…………………………………… 057
如何让自己充满自信…………………………………………… 061

第三章 勾画理想，启动生命之航

青春是人生图画中最绚烂的风景。如果说人生是一首诗，那青春时光无疑是最豪壮的篇章。作为青少年的我们应该是充满激、富有朝气、敢于想象的。正因为这样，青少年更要明白人无志而不立的道理。

理想是成功的灯塔 …………………………………… 066
有愿望，才能成功 …………………………………… 069
打造你自己的理想"帝国" …………………………… 071
理想是心灵浓雾中的海岸 …………………………… 075
给自己一个准确定位 ………………………………… 078
野心是奇迹的萌发点 ………………………………… 080
立志高远、悦纳成功 ………………………………… 083
欲望是梦想的发动机 ………………………………… 086

第四章 释放热情，冲击人生目标

无论是谁，心中都会有一些热忱，而那些渴望成功的人们的内心世界更像火焰一样熊熊燃烧，这种热忱实际上是一种可贵的能量。热情，是一种无法抗拒的力量。每一个深陷困境、备受折磨的人都不能没有它。即使两个人具有完全相同的才能，必定是更具热情的那个人会取得更大的成就。

人生热情缔造奇迹 …………………………………… 090
用热忱点燃生命的激情 ……………………………… 093
让人生热情沸腾起来 ………………………………… 096
用热情唤醒"沉睡"的力量 ………………………… 099
让热情与成功相拥 …………………………………… 103

热情演绎成功人生……107

热爱自己，别让人生贬值……110

第五章 抓住机遇，圆梦人生

机不可失，失不再来，只有具有破釜沉舟精神的人，才能在第一时间抓住机会从而改变命运。"人生能有几回搏"，当你意识到机遇出现的时候，一定要果断地抓住它，不要掉以轻心，有很多事情往往就因相差一点而失去了千载难逢的机遇。

把握机遇是一种大智慧……114

机遇就是一种选择……117

主动出击，寻找机遇……119

创造机遇获得成功……122

把握生命中的每一次机遇……126

用机遇实现人生飞跃……131

别在机遇中迷失自己……135

抓住机遇，踏实苦干……140

靠悟性登上机遇的"快车"……145

让"机遇触觉"敏锐起来……149

第六章 及时抉择，喝彩终生

在人生的道路上，选择要比努力重要得多。如果我们在选择上出现了错误，那么所付出的努力就会付之东流，所取得的效果也会是事与愿违、南辕北辙。所以我们在做事之前，要保持清醒的头脑，用理智的心态去分析和辨别，作出有利于人生大格局的选择；不能被一些事物的表面现象或者是主观的情绪所迷惑，因作出错误的选择而抱憾终生。

选择决定人生……………………………………………… 156
选择吃亏，坐拥幸福……………………………………… 159
选择正确地付出…………………………………………… 161
选择自己终生感兴趣的事业……………………………… 164
放弃也是一种抉择………………………………………… 168
舍弃无谓，专注选择……………………………………… 171

第七章 及时行动，获取人生的主动性

任何一种理论如果不付诸实践就会变得毫无意义，任何人生目标如果不去实践也就成了白日梦。我们要想改变命运，做大人生格局，除了要有必备的心理素质、理论知识之外，还要积极地付出行动。只有付出了行动，才有可能让自己变得更加强大，取得的成就更加辉煌。我们在付出行动之后，就能够除去一些幼稚的想法，也能够让自己变得更加成熟和坚韧。

行动创造奇迹……………………………………………… 176
心动决定行动的方向……………………………………… 179
亮出你的行动力…………………………………………… 183

行动永远是第一位的·················186
不要等待，立即行动·················189
行动改变命运·····················193
雷厉风行，大胆行事·················197
让行动为财富升值··················201
用行动亮出你自己··················204

第八章 心灵充电，爆发自己的能量场

身体和心灵散发的能量场决定着一个人的生命力，也决定着一个人的气场。只有身体和心灵协调统一，我们才能够释放出强大的能量场，才能够拥有积极向上的气场，才能冲击人生的目标，实现人生的理想。回归自然、与内在连接、调整心态、与潜意识沟通……这些途径都能够提升我们身体和心灵的能量场，下面，让我们一起踏上这个神秘之旅！

保持初心·······················210
休憩中获取宇宙能量·················212
绘制精神图景····················214
放飞想象，让生命充满灵动感············216
不断刷新和升级自己·················218
开启动力气场····················222
清除灵魂垃圾····················224
激发超强潜能····················226

第九章 自我规划，世界因我而出彩

要想拥有一个完满的人生，就要像建筑师一样，对自己的一生有所规划、有所设计，以确定这一步该如何走、下一步该如何做。这就犹如一张人生的蓝图，指引我们建造成功的大厦，实现人生的理想与目标。

人生规划六步骤……………………………………… 230
规划目标应考虑的因素……………………………… 234
规划自己的每一天…………………………………… 236
未来学业规划………………………………………… 239
未来职业规划………………………………………… 241
未来收入规划………………………………………… 244

第一章

格局有多大，成功就有多大

心有多大，梦想就有多大；格局有多大，成功就有多大。不同的人有着不同的命运，这主要取决于一个人的格局大小。有大格局的人，能够体验到"会当凌绝顶，一览众山小"的喜悦，而一个格局小的人也只能发出"瞻题蕴精奥，守位重仔肩"的感慨。我们要想取得成功，就不要只停留在羡慕别人的成就上，而是要懂得为自己确立一个大格局。

格局，构造生命的蓝图

从小到大，我们的梦想一再被人偷走。

父母说：认真读书，找份好工作！

老师说：认真读书，找份好工作！

亲戚说：认真读书，找份好工作！

朋友说：认真读书，找份好工作！

所有人都说：认真读书，找份好工作！

好像一辈子，打工就是我们唯一的出路！

好像培养所谓的"专长"和"能力"，就能解决所有的问题。

格局决定布局，布局决定结局。这个世界上唯一能限制你的只有你的渴望度和眼光。不要再与平庸为伍，不要再受没有目标和梦想的人的影响，不要让月收入2000的人，影响你将来月收入百万、千万的格局。所以，每个人都要崇拜顶尖的教练、企业家、超级领导人，快速成长，每一年都要创造生命中的奇迹。也都要有当老板的格局，独当一面的能力和成为千万富翁、亿万富翁、超级慈善家的梦想！

只要先在格局上拥有，并采取相应的行动，梦想的实现就只是时间问题。

青少年阶段是人生的最关键时期，我们是自己生命的建筑师，现

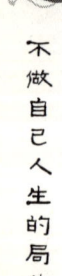

在梦想和蓝图决定了我们的命运和前途，一切都掌握在自己手中，人生犹如夜航的船，没有灯塔（目标和梦想）的指引，将迷失航向。

大多数看过《大长今》的人可能都会被长今不断征服自我，与命运抗争的精神所感染。人们也可能会产生这样的疑问：长今7岁的时候就能够进宫了吗？8岁的长今又如何能够手捧水盆接受惩罚而获得考试资格？在那令人失去希望的多栽轩，又为何将她破例再次召回宫中？在遭到崔氏家族的屡屡迫害的情况下，是什么强大的力量能够使她顽强生活？在这里，我们想要说的是，这一切都要归功于长今的母亲！这是一位伟大的母亲，她去世后给女儿留下的最珍贵的礼物，就是为长今树立了一个伟大的梦想——成为最高的尚宫娘娘。

因为这个梦想，在面对痛苦和磨难时，长今便会全身充满了向上的力量，便有了不断征服自我、战胜环境的勇气！

当然，在现实生活中，还有很多人却由于年轻时并没有什么梦想，而给人生留下了遗憾。

有两兄弟住在一幢大厦的80层，他们出游回来发现大楼停电。爬到20层时，不堪重负的两兄弟达成一致：先放下旅行包，等电梯有电了再回来拿。在他们爬到40层时，却为是否要继续向上爬而争吵起来。等到了第60层，哥哥一脸无奈，弟弟表情苍白。都到了这个地步了，不得不继续爬。好不容易爬到80层，两兄弟愣在了房门口：钥匙落在20层的旅行包里。

少年时期虽然青涩，却往往是梦想的诞生地；40岁练达，但经常成为埋葬梦想的坟墓；到了80岁，人之将去，仔细回味，好像还有什么没有完成，发现梦想原来都留在了20岁的青春岁月里。

马丁·路德·金一生都在为争取黑人的平等权利而奋斗，因此他在人们心中是伟大的；孙中山穷尽一生的心血为推翻统治中国几千年的

封建专制而努力,因此他在人们心中是伟大的;邓小平带领中国人民走上了富国强民之路,因此他在人们心中是伟大的。这些人都是因梦想而伟大,因奋斗而强大!

有人认为成功是一种幸运,他们整天无所事事,等着幸运的大馅饼砸到自己头上。不错,有的歌星、影星确实看似一夜走红,但他们都有不为人知的奋斗历程,他们将无数的汗水与泪水洒在了通往成功的路上。他们付出了比常人更多的辛勤,怀揣梦想,努力拼搏,当机遇降临,才有能力抓住!

听说过亚拉巴马伯明翰种族隔离区吗?那是赖斯出生的地方,因为是黑人,从小便深受白人的歧视。但她牢记着母亲的话:"要改变自己的社会地位,只有比别人做得好、更好,你才会有机会。"就因为这段话,她怀着梦想,努力学习,坚信只有教育才能让自己获得知识,做得比别人更好;教育不仅是她自我完善的手段,还是她捍卫尊严和超越平凡的武器!最终她成为了美国国务卿,荣登"福布斯"杂志"2004年全世界最有权势女人"的宝座!

赖斯的成功正如其母亲所言,只要你有梦想,并为之奋斗,你就能成就任何大事!

如今,在大多数人的观念里,金钱不再是万恶之源,缺钱才是最

可怕的。有钱人可以帮助需要帮助的人,以实现更多人的梦想。假如连自己都养活不了自己,还怎么去帮助别人?因此,每个人都首先应该注重锻造自己,这样才能在成才之后为祖国、社会、他人做贡献。

安逸自满、小富即安,心灵和物质极度匮乏却麻木不觉,还时常用"比上不足,比下有余"的穷人心态来麻痹自己,这是普通人之所以普通的根本原因。

前途因眼界而开阔,命运因朋友而改变!放大你的格局和梦想至少10倍,别因为眼前微不足道的成就,小小的一洼水塘,固步自封,我们要做的是重新定位自己的人生,寻找真正的大海。

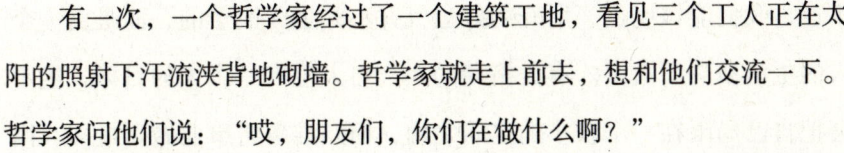

格局决定命运

有一次,一个哲学家经过了一个建筑工地,看见三个工人正在太阳的照射下汗流浃背地砌墙。哲学家就走上前去,想和他们交流一下。哲学家问他们说:"哎,朋友们,你们在做什么啊?"

第一个人转过身来,没好气地扔掉手中的工具,不耐烦地对他说:"你的眼睛瞎了吗?我在砌墙呢?这么热的天,我还要干这种活,真是遭罪!"看样子,这个人对工作十分不满。

第二个工人却没有转身,他一边砌墙,一边回答说:"我在上班呢。虽然这个工作比较累,但是每天还能收入几十美元,至少也能养活我的家人。对不起了先生,我要干活了,如果今天的工作量完不成的

话,恐怕今天我就要喝西北风了。"哲学家看得出来,这位工人虽然对这份工作不满意,但是为了生活已经习惯了。

第三个人好像对自己的工作很感兴趣,一边工作一边愉快说回答:"我在建造世界上最坚实、最漂亮的一幢别墅!过上一段时间您再来的话,一定能够看到我亲手建成的别墅。"

后来,第一个人由于对工作不满意辞职了。在以后的几年里,他接连换了很多种工作,但是在新鲜劲过后又感到厌倦了……周而复始,最终一事无成;第二个人老老实实地砌了几十年的墙,养活了自己的一家老小,但至死仍然是一个砌砖匠;第三个人先是成了一名包工头,后来又成了一家房地产公司的老总,他设计、建筑的大厦、别墅、公寓楼等,得到了客户们的好评。

三种不同的人生格局造就了三种不同的命运。同样的工作,第一个人感到枯燥无味,没有前途;第二个人是为了维持一家老小的生计而机械地工作;第三个人却能够从枯燥的工作中看到光明的前途,把眼下的工作看成了事业的一部分。最终,他成为了房地产公司的老板。

在现实生活中,每个人都渴望福星高照、紫气东来、鸿运当头。不过,我们应该明白,所有的好运气并不是上天赐予的,而是由一个人的生活格局所决定。有大格局的人,对人生有一个大的目标,绝不会把自己局限在一个狭小的空间之内,而是准备将事业做到最大。因此,他们就踏平坎坷,最终成为了成功者。而一个格局小的人,脑海中有着太多的障碍,只能看到眼前的东西,对未来缺少规划,最终成为了失败者。

克洛克是一家推销混乳机的小公司里的小领导。混乳机是一种能同时混合搅匀五种麦乳的机器。1954年,他在加利福尼亚州圣贝纳迪诺城发现了一家小餐厅,这家餐厅的名字叫麦当劳,老板是两兄弟——理

查德·麦当劳和莫里斯·麦当劳。当时,两兄弟向他购买了8台机器。由于这是一个大客户,克洛克决定亲自出马来和他们谈这笔生意。他到了圣贝迪纳诺城,发现这家餐馆的生意非常火爆,有许多顾客为了买到他们做的牛肉饼不惜排几个小时的队。

克洛克看到之后,就向他们提出建议:"既然你们的生意这么火,应该多开几家分店才对啊。"不过两兄弟却摇了摇头,哥哥指了指对面的山坡说:"你看到山上的那栋房子了吗?那是我们两个人的家,我非常喜欢住在那里。假如我们开了连锁店的话,我们回家的时间就会少了。"

克洛克想了想,觉得这是一个能让自己发财的机会。于是,他就向两兄弟提出了由他自己来开分店的要求。克洛克向他们许诺,如果能够让他来开分店的话,每年会让他们抽取5%的利润。两兄弟答应了他的要求。

1955年4月15日,克洛克在芝加哥郊区开了麦当劳餐厅的第一家分店。后来,随着利润的增加,洛克克又及时地增设了别的分店。到1960年,麦当劳餐厅已经拥有了280家连锁分店。在1968年之前,麦当劳餐厅每年大约有100家分店陆续开张,此后就变成了每年以200家以上的数量增长。

1961年,事业越做越大的克洛克决定以270万美元的价格向麦氏兄弟买下麦当劳的所有权——包括名号、所有商标、版权以及烹饪处方等。从此之后,麦当劳餐厅的所有权就属于克洛克一个人了。克洛克说:"他们比我年轻,可是他们歇手了。我可不能抛锚,当你年轻的时候只要能奔,就得前进,到你老了,一停手就会僵化。"

现在,麦当劳成为了全球最大的快餐连锁店。克洛克这样说:"如果一个人的野心仅仅停留在一个非常小的空间里的话,麦当劳是不

会需要他的。"

大千世界，芸芸众生，不同的人有着不同的命运。造成不同命运的原因主要是每个人的人生格局。一个人的格局越大，成就也就越大，格局越小，成就也就越小。我们要想取得长久的进步和发展，就要懂得设计自己的人生大格局。主动地去进行思想和认识上的提升，抛弃脑海中的条条框框，尽情地舒展人生，为自己的人生创造一个更高、更好的平台。

别让有限的格局影响人生

王安石在他的《临川先生集》中曾经讲了这样一个故事：

金溪县的乡民方仲永，世世代代都是农民。仲永长到5岁的时候，还不认识笔、墨、纸、砚。但是有一天，他却突然啼哭着向父母索要这些东西。他的父亲对此感到非常惊异，就从邻居家借来了笔、墨、纸、砚给他。仲永当即写下了四句诗，并且写上了自己的名字。这首诗的主要内容是讲孝敬父母、团结家族成员的。他的父亲就拿着这首诗让一个秀才去评点。秀才看后，不相信这是出自一个5岁儿童之手，就决定考验一下他。秀才来到仲永面前，随手指了一个物品让他作诗。结果仲永当场就写了出来，并且这首诗的文采和道理还有很多值得欣赏的地方。

同县的人都为这件事感到惊奇，渐渐以对待宾客的礼节对待他的

父亲，有的人还花钱求仲永题诗。他的父亲认为这样有利可图，每天拉着仲永四处拜访同县的人，却不让他学习。

明道年间，我（王安石）随先父回到家乡，在舅舅家里见到他，他已经十二三岁了。让（他）作诗，写出来的诗已经不能与从前的名声相称。又过了七年，（我）从扬州回来，再次到舅舅家，问起方仲永的情况，回答说："他的才能已经完全消失，成为普通人了。"

仲永有着比别人高很多的天资，如果能够好好利用这一点的话，以后很有可能成为中国历史上有名的诗人。然而，他的父亲却只看到了眼前的利益，不让他进学堂读书，只知道每天拉着他四处写诗赚钱，最终误了他的一生。有人从这个故事中看出了学习的重要性，不过，我们也能从中得出这样一个结论：格局太小，就会扼杀一个人的天赋，毁掉他的前途。哪怕他曾经取得了一些成就，随着时间的推移，他也必将会无可奈何地进入到普通人的队伍中去。

小崔进入工厂后，由于工作踏踏实实、一丝不苟，五年之后就成为了生产车间的主任。这让周围的人羡慕不已，小崔为此也常沾沾自喜，心想："一辈子为老板卖命，也不错！"

带着这份喜悦，本以为会是某日同学聚会上"焦点"的小崔，却感到了一丝失落。因为在他这个车间主任之上，冒出了个工厂的老板。酒足饭饱之后，"老板"对小崔说："哥们儿，以你的经验和资历也完全可以'自立门户'嘛！""老板"说话时，可能带着点酒意，但也确实是实话。那时是"下海"创业的高峰期，有野心的人很

多都当了老板。

小崔当时的心里，确实也有点儿不痛快。回家后，就把这事和老婆说了，他老婆吃惊地说："这样的'野心'可千万不能有，我们现在这样不是挺好的吗？弄不好的话，鸡飞蛋打，我们这些年的成果可就都没有了啊！"小崔想想也是，于是又开始满足于他的车间主任，打消了这个念头。

时间转瞬即逝，又五年过去了，小崔也变成了老崔，还是做他的车间主任。但是好花不常开，不久就遇到了厂里的人事大整顿，老板要给厂里"换新血"，而且还换到了老崔的头上。老崔感到十分生气，觉得老板是卸磨杀驴，过河拆桥。但是，这时候却没有人能帮助他，他的抱怨也只能是自言自语。

小崔之败，败在了格局上。他把自己放在了一个狭隘的空间里，对生活没有太大的目标。当初，小崔如果能够有一个长远的打算，对生活有一个大的追求，五年之后，他即便不能自主创业，做不成"崔老板"，也会做个"崔经理"。但是，小崔刚刚做了车间主任就心满意足了，就觉得自己成为了成功人士，因此，在工作中和生活中就缺少激情、甘于平庸，也就失去了进一步发展的可能。最终，他那车间主任的"成就"也烟消云散。

在生活中，我们应该给自己制定一个较高的人生目标，不能因为取得一点小小的成绩就沾沾自喜、自我陶醉，更不能因为一点小的收获就停滞不前。每个人都应该"登高而望"、"更上一层楼"，将目光放长远一些，将胸襟放宽广一些。只有我们看得远了，才能够走得更远，只有走得远了，才不会迷恋于一些不值一提的所谓"成就"。

别给自己设限

在很多时候，我们并不是不想取得成功，也不是不想去努力奋斗，而是往往会因为一些客观因素的阻挠和羁绊而苦恼不已。在受到阻挠之后，我们会把这些东西归结为个人能力、外部环境、社会时代的局限。在这种心态的影响之下，我们也就产生了一些"生死有命，富贵在天"的想法，做起事情来也失去了动力和激情。

实事求是地说，局限是存在的。每一个社会时期和历史发展阶段都会对人的追求起到一定的限制作用。因此这就要求我们在做事情的时候，应该考虑到社会和历史的因素。不过，这并不是说，当我们遇到一些限制的时候就应该退出或者转身。在绝大多数的情况下，我们感觉受到的限制并不是因为社会的因素，也和时代没有什么关系，在很多情况下，一切的原因只不过是自卑的心理给自己设定了一个极限罢了。正是我们把自己放在了一个狭隘的范围之内，才会让自己感到困难重重，从而产生了"不可能"的思想。

一切的困难和限制只不过是人的心障罢了。因为害怕困难，我们就给自己的思想设置了一堵墙，把自己关在墙内，不敢越雷池一步。其实，只要我们敢于打破这种心理的限制，就会发现，困难并没有那么可怕，成功也并没有那么遥远。

意大利人米什尼登上了珠穆朗玛峰之后，受到了全世界的关注，有一些记者特地赶来采访他。

记者问道："海拔8000米的高度被登山运动员称为'死亡高度'，你怎么在这氧气极为稀薄的死亡高度不带氧气瓶呢？"

米什尼回答说："其实我的肺功能和一般人差不多。我只不过是想证明一下8000米的高度不是人的死亡高度罢了。当我走到8000米的高度上的时候，感到体力不支、呼吸困难，但是我觉得只要是有信心，就一定能够突破这种局限。当然，我并没有鲁莽地去做，而是每走一步都要停下来深呼吸20次，吸入维持生命活力的氧再走。"

记者又问道："别人登上高峰的时候都会携带一面自己国家的国旗，而您却掏出了一块手帕，这块手帕对您来说有什么重要意义吗？"

米什尼笑着回答记者："这块手帕并不是别人想象的那样充满浪漫的情调，它不是我的妻子也不是我的情人送的，而是我从商店里买回来的。我掏出这块手帕在高峰上挥动，只是想告诉别人，我登上珠穆朗玛峰就像爬上自己家的屋顶那样普通。我不带国旗，就是想告诉人们，只要敢于突破心中的局限，就能够登上这个高度。不管你是意大利人还是其他国家的人。"

每个人能够达到的理想高度，一般就是人们在心中为自己设定的那个顶峰。如果一个人心中从来没想过要达到什么样的高度，他就很难获得成功。

在历史的长河中，每一次新事物的出现，每一个人的成功，都是不断超越自己的结果。如果人们都将自己固定在一个狭小的空间内，被太多的规则、条约所束缚，那么我们的世界就不会是现在这个样子了。

在土耳其流行着这样一句话："每个人的心中都隐藏着一头雄狮。"意思就是我们每个人都具有无限的潜力，只要我们善于发掘，不

将自己局限于狭小的范围，懂得开拓自己的视野，那么就一定能够实现一切不可能的事，一步步接近成功，使自我价值得到体现。

解放前，有兄弟二人住在一个极为贫困的村子里。他们面对如此贫困的生活萌发了去海外发展的想法。

但是，兄弟俩并没有去同一个国家。哥哥来到了美国的旧金山，而弟弟则来到了当时条件比较落后的菲律宾。此后，兄弟两天各一方，开始了各自的生活。

兄弟俩再次见面已是40年以后了。40年后的他们都不再是当年的穷小子。哥哥在旧金山开了一家中式餐馆和一个小卖铺，生活过的还比较滋润，孩子们也都各有各的事业，对他也十分孝顺。而弟弟则一跃成为了身价几十个亿的银行家，并且还拥有众多的山林、橡胶园。

无论怎么样，兄弟俩的生活都不再贫困，两个人也都可以说是成功的。然而，兄弟两人取得的成就却有很大差异。这是为什么呢？

哥哥说："我们华人对于美国是完全陌生的，谁也不认识，不得不去干别人不愿意干的活。并且我们也没有什么能力，唯有靠一双手来解决基本的生活问题。也正是因为我们做了别人们不愿意做的事情，我们才得以生存。创业，那是想都没有想过的事情。我们一家人都是属于本本分分的人，像我的孙子，虽然读了很多书，但从来不会有更高的要求，只求找一份工作，安安稳稳地生活就好。我们也从没有设想过要过上流社会的生活，那都是幻想，根本就办不到。"

哥哥说完自己的生活，便感叹起来，觉得弟弟比他要幸运得多。而弟弟却告诉他："我现在所获得的一切，并不是因为我的幸运。只不过，当我们决定离开家乡的时候，我就发誓一定要干出一番成绩来。我们虽然贫困，但是我们还有大脑，有力气，有获得成功的信心。到达菲律宾后最初的那段时间，我也做过一些很卑微的工作。然而，一段时间之后，我发现

有些事情是可以做大做好的，于是我就抓住这个机会，做了别人不敢想也不敢做的事业，慢慢地不断收购和扩张，生意便逐渐做大了。"

哥哥之所以与弟弟过着截然不同的生活，是因为他从一开始就给自己设定了一个范围，觉得自己的目标仅仅是解决温饱问题，因此40年后的他也只能是让基本生活得到保障。而弟弟一心想要做出一番成绩，他在心中给自己划定了一个更大的未来，所以最终成为了亿万富翁。

可见，我们每个人的力量都是可以被挖掘出来的，主观地进行自我限制必定会成为我们获得更大成功的绊脚石。因为，在很多时候，并不是我们没有能力做好，而是因为我们给自己设的"局"太小。如果我们能够打破这种小格局突破自我限制的话，就能拥有更广阔的人生空间。

格局需要稳健的精神气象

一个有大格局的人，也必定是一个成熟稳健的人。一个稳健的人，不会因为外部条件的变化而显得慌乱，更不会因为一点风吹草动而手足无措或者是暴跳如雷。无论外部条件如何变化，他们都能够做到处变不惊、临危不乱。他们稳健的处事态度，不仅能够让事情得到有效地解决，也获得了别人由衷的佩服，从而有效地提高个人影响力。

公元383年，前秦皇帝苻坚率领百万大军南下，扬言数日之内吞并东晋,一统天下。消息传到东晋之后,整个建康城一片恐慌,朝堂之上顿时乱成了一锅粥,有的人主张迁都避祸,有的人主张开城投降。持不同意见的人在朝堂上争吵了大半天,最后也没有拿出一个正确的方案出来,只好都把眼光盯在了宰相谢安的身上。

在兵临城下之际,谢安没有表现出丝毫慌乱,更不像一些大臣那样主张投降或者是逃跑。他表现得非常镇定,等大臣们争吵完毕之后,就果断地下了抵抗的命令。他派弟弟谢石、侄儿谢玄率领八万北府军出城抗敌,然后又有条不紊地调集军械、粮草。在整个过程中,谢安一直都表现得非常沉着。当时,有人害怕前线不利,准备派精锐部队来保卫京师,却被谢安拒绝了。满朝文武看到谢安一副临危不乱的样子,也就安静了下来,同时也对这场战争充满了信心。至此,东晋朝廷才算回归了平静。

谢玄在出发之前,对战事没有信心,向谢安询问对策,谢安只是淡淡地回答了一句:"一切我都安排好了",之后便绝口不提军事。谢玄心里还是没底,又派部将张玄去打听。谢安依然没有回答,反而邀他下起棋来。此时的前秦军队已经到达了长江边上,张玄心里十分恐慌,在下棋的时候想着前方的战事,结果屡屡败在了神气安然的谢安手里。

后来,晋军大捷的战报传来,谢安依然在和别人下棋。他看完战报之后,不动声色地把它放在了一边。客人忍不住问他,谢安的回答依然是淡淡的:"没什么,孩儿们已经破敌了。"

在大军压境之下,养尊处优已久的满朝文武大臣们都成了热锅上的蚂蚁,每个人都陷入了空前的恐慌之中。如果此时谢安也六神无主,那么,东晋王朝恐怕也要瘫痪了。不过,谢安却能泰然处之,迅速地作出了一些应对措施,他的稳健与超然,给那些朝中大臣们吃了一颗定心丸,同时也鼓舞了前方将士们的士气。

稳健是一种修养、一种气度，更是一种智慧和哲学。如果一个人在遇到意外情况的时候，不能保持冷静，而是丧失理智，作出一些出格的事情，不仅会给自己带来麻烦，也会遭到别人的反对而让自己陷于失败。

巴顿是第二次世界大战期间著名的美军将领。有一天，前方战局出现了不利，他感到非常郁闷，就到所属的美军后方的医院去视察。当他来到病房的时候，发现一个身上没有任何伤口的士兵也住在医院里，他的脸色就变得很难看。

现在战况不利，前方吃紧，正是用人的时候，这个士兵却躺在医院里躲清闲。巴顿越想越生气，就对着他大声地骂道："你这个胆小鬼！美利坚合众国的败类！前方将士正在流血，你却躲在这里装病号，简直就是懦夫！"

那个士兵见到他怒气冲冲的样子，心里感到非常害怕，就结结巴巴地告诉巴顿说自己真的有病。原来他患有了一种名叫"炮弹休克症"的疾病——能听到炮弹飞过，却听不到它爆炸，这种病状在士兵中出现是很正常的。谁知道巴顿听了之后，非但不知道向他道歉，反而更加愤怒了，他伸手给了这个士兵几个响亮的耳光，又怒气冲冲地骂着："你是盟军的耻辱！更是我的耻辱！现在你必须马上回去参加战斗，不能躺在这里……"巴顿一边说一边拔出手枪，那个士兵看了之后，顿时吓得昏了过去。

可能是因为最近几天战事不利的原因，巴顿的火气越来越大了。他看到那个士兵晕倒之后，非但不知收敛，反而大声地向医生叫喊，让他们赶紧把那个士兵送出医院去。

巴顿打人的消息很快地就在他所领导的第7集团军内部传开了，许多将士开始慢慢地冷落他，疏远他。巴顿在军中的影响力一日日地降低，他对此感到很苦恼，但是也无可奈何。到了后来，事情越闹越大，

美国国内的媒体报道了这件事，被打士兵的家人们向总统罗斯福发出抗议，强烈要求巴顿向他们道歉。罗斯福尽管想将这件事淡化处理，但是因为舆论的压力，只好下命令让巴顿向被打的士兵及其家人道歉，同时还要在整个第七集团军里作出检讨。

巴顿这才知道闯了大祸，只好执行命令，希望能够挽回一些损失。但是，国内还有很多人不肯原谅他的粗暴行为，强烈要求将他送到军事法庭审判。后来，在艾森豪威尔的保护下，巴顿没有受到更严重的惩罚，但是，他在军中的威信和影响力却越来越低了。

巴顿的所作所为，就是典型的浮躁、冲动、不成熟、胸无城府的表现。他因为作战不利而丧失了理智，把怒火发在了一个普通士兵的身上，最后引起了众怒，也毁掉了自己的前程。尽管他有着天才般的军事才能，但是缺乏稳健的精神，缺少广阔的心里格局，最终也只能让自己成为一个失败的英雄。

在生活中，难免会遇到一些危机或者是不愉快的事情，在这个时候，如果表现得过于慌张或者愤怒的话，就必然会让自己在失败中越陷越深；我们需要做的是坦然应对，作出理智的选择，只有这样，才能取得事情的圆满解决，同时也能扩大自己的影响力。

志向决定发展格局

志向决定发展格局，没有最好，只有更好。永远不对自己的现状

满意,永远向着更高的目标前进,你永远可以做得更好。

格兰特将军在童年时的愿望是成为一名成功的农民,管理大一些的农场,获得多一些的收成。等到了少年时,他发现自己原来可以通过读书而获得更好的机会,于是他考入了西点军校。

进入西点军校之后,一度他也并不是最优秀的学生,直到他意识到没准儿将来自己也能够成为一名将军。

当格兰特成为将军之后,打了不少胜仗,他很满意。直到林肯给了他一个挑战的机会时,他发现自己可以挑战著名的南军统帅李将军,或许他会成为一个非常著名的将军。

当南北战争结束后,格兰特希望能够成为格里纳市的市长,然而到了1868年时,这些都不足以承载他的志向了,他被选为共和党总统候选人,在当年成功获选为美国总统,并于1872年获得连任。

西点人挑战他人,挑战自我,永远希望做得更好。因为志向决定了发展的格局,西点学生因为他们的高起点而拥有更高的人生志向,他们用自己的努力为西点创就了今日的辉煌。高起点的志向如同成功道路上的一盏明灯,让在这条路上前进的人们永远向着前方的光明行进。

24岁的海军军官卡特,应召去见海曼·李科弗将军。在谈话中将军让卡特挑选任何他愿意谈论的话题。然后,再问卡特一些问题,结果将军每每将他问得直冒冷汗。

卡特终于开始明白:自认为懂得了很多东西,其实还远远不够。结束谈话时,将军问他在海军学校的学习成绩怎样,卡特立即自豪地说:"将军,在820人的一个班中,我名列59名。"

将军皱了皱眉头,问:"为什么你不是第一名呢,你竭尽全力了吗?"

此话如当头棒喝,影响了卡特的一生。

"你为什么不是第一?"这句话激醒了满足于自己成绩的骄傲的

卡特，让他意识到了自己的不足，从此努力争取做得最好，并最终成为美国总统。

不是第一就要努力成为第一，而即使你是第一，也永远可以做得更好。在西点，没有常胜将军，哪怕你是第一，你也面临更多的挑战。这样的挑战来自他人，同样也来自自己。

只有当我们具有追求卓越的高志向，才能将我们的发展格局向上提升，为自己打开更大的局面。这就是为什么西点始终保持着高淘汰率，不能在严酷的训练中坚持下来的就只能离开。西点永远需要最好的领导者，需要永远前行的军人，而不是拥有一点成绩便沾沾自喜的"骄傲的将军"。

有一位男孩，由于一直跟着作为马术师的父亲到处表演、居无定所，因此他的学业受到很大的影响，成绩很不理想。

一次，老师让学生们写一篇文章，谈一谈自己长大后的志愿。

那天晚上，这个男孩写了很多关于他的伟大志愿：

"长大后，我想要建造自己的农场，还要在农场附近盖一所400多平方米的房子，拥有很多很多的牛羊和马匹。"

没有想到的是，老师给他的这篇文章打了一个非常刺眼的"F"，也就是不及格，并叫他下课后去见他。

"老师，我不知道为什么我的作文会得F？"他怀疑地问道。

"我认为你的愿望并不符合实际，是一种空想。你能确定长大后就有能力买一个农场吗？你怎么可能会拥有那么大的房子，还有牛羊和马匹？假如你考虑依据实际情况重写的话，我会考虑为你重新打分的。"老师回答。

男孩回家后依旧不理解老师的行为，他思考了很久，并询问了父亲。父亲了解了情况后，意味深长地对他说："孩子，我觉得作文不及

格并不重要,重要的是你要坚持自己的这个志愿,千万不要放弃自己的理想。"

儿子听后,深受启发。他决定不再重写自己的作文,也没有改变自己当初的梦想。

20年后,这个男孩最终实现了他的梦想,他拥有了一个农场,农场中建造起一栋自己理想中舒适而漂亮的豪宅。

我们所说的这个男孩就是美国著名的马术师杰克·亚当斯。

实际上,生活中有很多这样的人,他们要么是做什么事都持以听天由命的态度;要么没有远大的理想和目标,凡事得过且过;要么因缺乏信心,认为好多事都是实现不了的,于是不再为此而努力……如此种种,都不会获得成功。所以,请不要为那所谓的命运所束缚,也不要武断评论他人的命运。如果一个人凡是都畏缩不前,犹犹豫豫,不敢积极去追求而任由消极情绪支配自己的想法,最终也只能是一生都碌碌无为,不能获得任何成就。

一名不想成为将军的士兵很难在军队中出类拔萃;一个不想成为大企业的拥有者的商人,就注定要在自己的小圈子里转;一位不想成为领袖人物的政客,往往只能影响一小部分力量。因此,你要敢想、敢做,才有可能把自己的目标变成现实。

一个人如果想获得成功,就必须要以高标准来要求自己,为自己划定更高的目标。若是总拿普通人的目标作为标准的话,你永远都只能是一个普通人。当然,在确定自己目标之后,你还要有足够的自信,相信自己能够成功,能够成为佼佼者,能够为了实现目标而无所畏惧,这样你就能成为同类竞争对手中的佼佼者。

在宾夕法尼亚的某个山村,有一位马夫,当时他的地位很低。然而,谁都没有想到,他最终成了美国一位著名的企业家,他就是查尔

斯·齐瓦勃。

齐瓦勃是如何获得成功的呢？齐瓦勃的成功秘诀是：每谋得一个职位，他从不把薪水的多少视为重要的因素，他最关心的是新位置和过去的位置相比是否前途和希望更远大。

齐瓦勃最初在钢铁大王安德鲁·卡耐基的工厂做工，当时他就自言自语地说："总有一天，我要做到本厂的经理。我一定要努力作出成绩来给老板看，使老板主动来提拔我。我不会计较薪水的高低，我只要记住：要拼命工作，要使自己的工作产生的价值，远远超过我的薪水。"他下定决心后，便以十分乐观的态度，愉快的心情来工作。在30岁时，他成了卡耐基钢铁公司的总经理，39岁时，他又出任全美钢铁公司的总经理。

齐瓦勃只要获得一个位置，就决心做所有同事中最优秀的人。当同事抱怨待遇低微时，齐瓦勃却在专注于他的工作。他知道，现在的待遇，和他将来想要获得的财富比起来，是微不足道的，因此没有比较计较这些小事情。他觉得身边的人都在为那微小的愿望和平庸的命运而生活着，而自己却在为走向更宽阔的道路默默奋斗着。他以乐观的心态看待任何事情，在工作上尽量做到完美。就这样，人们渐渐地将难度较高的事情都交给他来处理，他渐渐成了公司的主心骨。

在我们每个人的身上都有上天赋予我们的非凡天赋，如果你不懂得如何善加利用，那就只能甘于平庸。如果你开发并利用了这个潜能，那你就能成就一番事业。

总是把自己的志向往更高更远的地方推进的人往往是最接近成功的人。正是这一点点提高，一点点改进，推动了整个人类的进步，铸就了平凡人的成功。正是人们不断追求卓越，追求第一，才造就了完美。

如果成功在彼岸，志向就是航行的船只；如果夜归的船在行驶，

志向就是海面上的灯塔。志向是成功的基石，伟大的成就往往来自远大的目标，若要建成大厦，必先绘制蓝图。

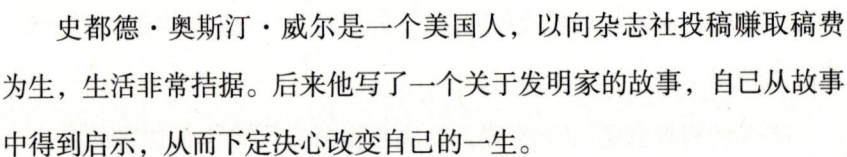

规划自己的人生蓝图

史都德·奥斯汀·威尔是一个美国人，以向杂志社投稿赚取稿费为生，生活非常拮据。后来他写了一个关于发明家的故事，自己从故事中得到启示，从而下定决心改变自己的一生。

他决定不再当记者，而是专门来到学校学习法律课程，立志成为一名专利律师。身边的同事、朋友都对他这个决定大为惊讶，疑惑不解。面对这些质疑，他并没有理会，而是坚持自己的理想——成为"全美最顶尖的专利律师"。有了这一强大的动力，他在很短的时间内，就学完了所有法律课程。毕业之后，他有意办了一个最棘手的案件，这使他的名气很快传遍全国，案件应接不暇，最终成为"全美最顶尖的专利律师"。

正因为对自己的人生有所规划，史都德才取得了成功。对自己的人生有所规划，这不但能使我们的行动有目标，人生有意义，而且还能激励我们的斗志，开发我们的潜能。

也许有人会这样想：谁不愿意把自己的人生规划得富丽堂皇，设计得五彩缤纷？难道有什么样的规划就会有什么样的现实吗？有什么样的设计就会有什么样的大楼吗？当然，把规划变成现实，绝对不是一件

容易的事情，它是一项相当复杂、相当庞大的工程。想到什么就拥有什么，那只存在于童话之中。

正确的设计是建造高楼的基础，合理的人生规划是实现人生理想的前提。在很多时候，人生的道路是我们自己选择的，人生的蓝图是我们自己绘制的，人生的大厦是我们自己建造的。有些人浑浑噩噩地生活，得过且过，随波逐流，这种人注定是永远不会有较大的成就；而如果我们积极进取，勇于开拓，则完全能创造出一个充满活力、充满朝气的人生。

一项重大研究发现，思想能够控制行动。你怎样思考，你就会怎样行动。你要是对自己的人生有着美好的设计，你便会付诸于行动，使自己的一切行动、情感、个性、才智与自己人生的设计相吻合，对于一些与自己的设计相冲突、相矛盾的东西，你会竭尽全力去克服、消除，对于有助于实现人生设计的东西，你会竭尽全力地去扶植、扩大；这样，经过长期的努力和调节，你就会把你的设计变成现实。相反，如果你对自己的人生没有要求，没有规划，没有恰当的设计，心无大志，不思进取，即使你有成功的欲望，如果你不知道从何下手，不知道往哪个方向努力，漫无目的，最终会一事无成。尤其是一遇到少许挫折，便会偃旗息鼓，将成功的欲望淡化或压抑下去，这样永远不可能有所成就。

人生就像一条河流，许多人总是漫无目的地漂泊，面对风浪海潮的起伏不定，他们总是束手无策、随波逐流。结果他们要么触岩，要么撞礁，最终都会沉入水底。

有方向、有目标，又研究了最佳航线，并学习了航海技巧的人，他们的船从此岸到彼岸，从此港到彼港，都是有计划地行进。他们既熟知下一个停泊或通过的港口，也深知航船的目的地；即使航行的目的地暂不明确（譬如探险航行），也能清楚地知道目标的特性，目的地应有

什么和现在航行在什么水域。如果遇到狂风巨浪，或者其他意想不到的天灾人祸，他们也不会慌张。因为他们知道，只要把应做和能做的都做到，那么他们就一定能抵达目的地。

这些人之所以能够把握人生的航向，就在于他们规划好了自己的人生蓝图。每个人要想实现自己的理想与价值，就应及早对自己的人生有所规划。

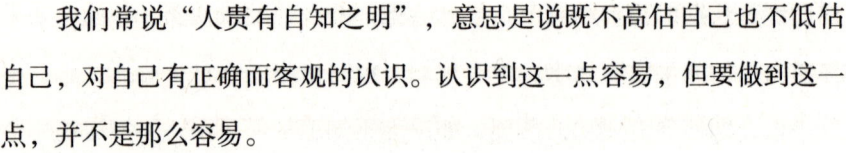

人生需要正确的定位

我们常说"人贵有自知之明"，意思是说既不高估自己也不低估自己，对自己有正确而客观的认识。认识到这一点容易，但要做到这一点，并不是那么容易。

纪伯伦曾在其作品里讲了一只狐狸觅食的故事。

狐狸欣赏着自己在晨曦中的身影说："今天我要用一只骆驼做午餐！"整个上午它都在不停地奔波，寻找骆驼。但当正午的太阳照在它的头顶时，它再次看了一眼自己的身影，于是说："一只老鼠也就够了。"

这只狐狸之所以做出两种截然相反的决定，与它选择"晨曦"和"正午的阳光"作为镜子有关。晨曦拉长了它的身影，使它错误地认为自己就是万兽之王，而正午的阳光又让它对着自己缩小了的身影妄自菲薄。

像这只狐狸一样的人在现实生活中并不少见。对自己认识不足，过分强调某种能力或者无根无据地轻视自己的大有人在。这种情况下，千万别忘了上帝为我们准备了另外一面镜子，这面镜子就是"正确评价"，它提醒我们反观自我，让我们清楚地认识真实的自己。

一个人成就的大小在某种程度上取决于自己对自己的评价，这种评价有一个通俗的名词——定位。你的定位是什么，你就是什么，因为定位能决定人生，并且改变人生。

1969年，美国经销专家里斯和屈特提出了"定位"这一概念，即商品和品牌要在潜在消费者心中占有位置，企业经营才会成功。随后，定位的外延扩大，大至国家、企业，小至个人、工作等，均存在定位的问题。

一个人能否给自己正确定位，将决定其一生成就的大小。志在顶峰的人不会限于平地，甘心做奴隶的人永远也不会成为主人。你可以长时间地卖力工作，创意十足、聪明睿智、才华横溢，甚至好运连连——可是，如果你无法在创造过程中给自己正确定位，不知道自己的方向是什么，一切都将徒劳无功。

迈克尔在从商以前，曾是一家酒店的服务生，替客人搬行李、擦车。有一天，一辆豪华的劳斯莱斯轿车停在酒店门口，车主吩咐道："把车洗洗。"迈克尔那时刚刚中学毕业，从未见过这么漂亮的车子，不免有几分惊喜。他边洗边欣赏这辆车，擦完后，忍不住拉开车门，想上去感受一下。这时正巧领班走了出来。"你在干什么？"领班训斥道，"你不知道自己的身份和地位？你这种人一辈子也不配坐劳斯莱斯！"受辱的迈克尔从此发誓："我不但要坐上劳斯莱斯，还要拥有自己的劳斯莱斯！"这成了他人生的奋斗目标。许多年以后，当他事业有成时，果然买了一部劳斯莱斯轿车。

如果迈克尔也像领班一样认定自己的命运，那么也许今天他还在

替人擦车、搬行李，最多做一个领班。由此可见，人生的定位对一个人是多么重要啊！

在我们的工作和生活当中，总会遇到这样一些人：他们或受宿命论的影响，凡事听天由命；或性格懦弱，习惯依赖他人；或责任心太差，不敢承担责任；或惰性太强，好逸恶劳；或缺乏理想，整天浑浑噩噩……总之，他们遇事逃避，不敢为人之先，不敢定位自己的人生。也许，成功的含义对每个人都有所不同，但无论你怎样看待成功，你必须有自己的定位。

正确认识自己，才能充满自信，才能使人生的航船不迷失方向。正确为自己定位，才能正确制定人生的奋斗目标，才能确定自己的格局。只有有了正确的人生目标，并为之奋斗终生，才能此生无憾，即使不成功，也无怨无悔。

认识自己才能准确定位自己

俗话说："画龙画虎难画骨，知人知面难知心。"知人难，被人知更难。而要知己，则是难上加难，所以有"人贵有自知之明"的说法。

一个人要想认识自己，谈何容易？一辈子不认识自己而做出了可悲之事的大有人在。现在，还有一部分青少年正是由于不认识自己，没有充分理解当今社会中的情况，而受不得一点点挫折、打击，悲观、失望、苦恼、抱怨、彷徨，终日生活在哀声叹气、无所事事中。

要认识自己，是不容易的。但对自己有一个正确的认识，又是非常关键的。

有些人并不知道，自己是什么样的人。因为难得有一个真实的参照物来评估自己，所以，我们往往会干傻事。

一个人应好好地认识自己。你可能解不出很多的数学难题，或记不住如此多的外文单词，但你在处理事情方面却有着自己的特长，能知人善用、排忧解难，有高超的组织能力；也许你的物理、化学差一些，但在语文方面却是能手；也许你连一张椅子都画不好，但你却有一副动人的好嗓子；也许……所以做人，要认识到自己的长处，如果能扬长避短，认准目标，坚持把一件工作或一门学问认真地做下去，自然会得到丰硕的果实。

认识自己，就能使自己多一双睿智的眼睛，可以给自己增加远见，保持清醒对事情有进一步了解。有了这份认知，可以少做很多日后使自己追悔莫及的事情。

只有在你认识了自己之后，才会拥有自信，才会成为强者。充分认识自己，充实自己，这样就不会哀叹自己没有立足之点。现实生活中，人们常常忘记自己的存在，忘记对自己的关爱，从不去问自己的来路和去路，即使偶尔想起，脑中也是一片空白。

在人生的舞台上，每个人都扮演着不同的角色。如何演好角色，是每一个人都思考过的问题。

首先，要给自己一个准确的定位，要认识自己。这里所说的认识并不是不让我们追求"身外之物"。正好相反，我们要极力鼓励人们去追求现实的"身外之物"，因为毕竟只有这些身外之物才能反映出我们过得好不好，才能看出我们这辈子活得值不值。但同时我们也绝对不赞同将这些身外之物当作唯一。那些将身外之物当作唯一的人，当追求得到满足后，又

会很迷茫，结果找不到"自己"，不知该何去何从，一片茫然。

由此可见，人们必须清楚地认识自己，不但要建设丰富的物质家园，同时还要建设自己的精神家园。做人固然要追求物质，但在追求物质的同时，一定要有精神。没有精神，任何物质都经不起人们的推敲，没有精神，任何物质都无法使人得到最大的满足。

认识自己首先应该给自己一个定位，自己到这个世界上来究竟有什么样的目标，必须有一个十分清醒的认识，离开了对自己的认识，人们就会迷茫，就会失去前进的方向，就会在一个个十字路口徘徊，这样的人生是没有意义的。

认识自己，找到最适合自己的位置，扮演最适合自己的角色，开发属于自己的领域，这是走向成功的一条捷径。

"认识你自己"是最高智慧的结晶。一个不断认识自己、批判自己而改造自己的人，智慧才有可能渐趋成熟，从而走向成功之路。

别把自己放在失败的格局里

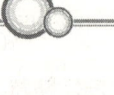

我们每一个人都不愿意面对失败的局面，但是失败却又是无处不在的。有很多人在遇到了一些失败之后，就会变得意志消沉、自暴自弃，从而过分地贬低了自己的能力，认为自己做什么事情都不可能取得成功。在这种心态的支配下，他们将所有的自信和勇气都埋藏起来，让消极的意念在内心世界中无限延伸。

失败可能会给我们的心理带来失落感和烦恼的情绪，但是这并没有什么可怕的。当失败出现在面前的时候，我们应该正确地看待它。其实，失败本身还是存在着很多有利因素的，只不过很多人不曾发现。失败就像是一块磨刀石，能够磨砺我们的意志、鼓舞我们的斗志、锻炼我们的坚毅品格，最终能够让我们成为一个坦荡面对厄运，并最终获得成功的人。因此，我们不能一味地害怕失败，而是要用自信的心态来面对它，用实际的行动来克服它，从而排除一切障碍，让自己走向成功。

在人生的道路上，失败和挫折是在所难免的。我们不能因为一时的失败而给自己贴上"失败者"的标签，更不能心灰意冷、丧失斗志。毕竟，失败是对我们的考验，在失败面前，我们不能裹足不前，原地不动，而是应该积极前进，只有迈开你的脚步，才有可能获得成功的机会。

1869年，美国著名的工程师约翰·罗布林准备建造一座连接曼哈顿和布鲁克林区的大桥。当他作出这一决定的时候，遭到了不少桥梁专家的反对。专家们认为，在历史上还没有出现过这样的桥梁，约翰·罗布林的计划纯粹是天方夜谭。如果实施的话，只会有失败的结局。但是罗布林的儿子华盛顿·罗布林却认为这座大桥可以建成，因此就大力支持父亲的工作。最后，父子两个人克服了重重困难，制定了比较完善的建桥方案，同时也说服了一些商人来投资这一项目。

在大桥开工几个月之后，施工现场突然发生了重大事故。在这次事故中，父亲约翰·罗布林不幸身亡，在以后的施工中，华盛顿·罗布林的大脑也受到了严重的伤害。许多人听说这一消息之后，都认为这项工程难以继续。但是，受伤后的华盛顿·罗布林却并不这样认为。尽管他已经丧失了活动和说话的能力，但是他认为自己的脑子还能够思考，因此，他就下决心要完成这座大桥的建设。后来，华盛顿·罗布林就用

那一根唯一能动的手指来和别人交流信息，他用那根手指敲击他妻子的手臂，然后再由妻子将他的设计意图转达给工地上的建筑工程师们。整整三年的时间，罗布林就这样用一根手指指挥工程，终于在1883年建成了雄伟壮观的布鲁克林大桥。

一个有着坚韧毅力和坚强信念的人，是绝对不会给自己贴上失败者的标签的。他们不会轻易服输，更不会因为挫折和失败而放弃希望和行动。失败对于他们来说，绝对不是最终命运，而是一次让自己变得更加强大的机会。因此，在失败来临的时候，他们都会毫不犹豫地站起来，挺直胸膛，迈开脚步，以更大的勇气和热情去扫除那些前进路上的障碍，从而最终走向成功的巅峰。

比尔·休利特和戴维·帕卡德大学毕业之后，四处投简历、找工作，但是，一直没有人愿意雇用他们。碰壁之后的两个年轻人感到非常绝望，认为此生难有作为，于是就产生了稀里糊涂打发一生的想法。但是，两个有血性的年轻人又觉得如果碌碌无为度过一生的话，就会愧对自己的生命和所受到的教育。两个人重新树立了信心，再次奔跑在纽约的大街小巷上，寻找能够接纳自己并且能够帮助自己发展的公司。然而，这一次他们又失败了。当时的美国正处于经济大萧条时期，许多公司都在忙着裁员，根本就不需要他们。

既然择业不行，那么就创业吧，两个人决定要干出一点名堂来。他们在加州租了房子，开始搞一些小电器的发明，希望能够通过销售专利产品而开创自己的事业。但是，整整一年，他们的产品都无人问津，两个人没有收入来源，过着饥寒交迫的日子。不过，他们并没有认为自己失败了，而是选择了坚持。

第二年，他们经过不断努力研制出的新产品被一家公司看中，买走了专利权。两个人终于迈出了走向成功的第一步。后来，两个人的事

业越做越大，他们也成为了有关电子元件和电子检测仪器的供应商，这就是今天著名的惠普公司。

美国西点军校有名著名的格言："永远没有失败，只有暂时的成功。"尽管每个人都不能确保每一件事都能成功，但是在遇到失败之后如果能够鼓足勇气再试一下的话，即使不能取得显著的成效，但却离成功更近了一步。

成功者虽然有很多失败的经历，但是他们的字典里永远没有失败的字样。一个成功的人，他的奋斗过程是由很多失败组成的。但是他们却永不言败，能够及时地对失败作出总结和调整，最终让自己走向了成功。因此，心怀理想的人，在遇到失败之后，一定不能轻易把自己定在失败者的位置上，而是要向成功者们学习，坚持自己的方向，以坚忍不拔的毅力来面对失败，战胜失败，最终取得非凡成就。

第二章 自信铸就成功

坚定不移的积极心态是打破和超越自我限制、创造人生新境界的原动力，是把思考变成力量的源泉。一旦我们具备了积极的心态，就为自己的人生点亮了一盏成功的心灯，使我们更加坚定地前行。"自信是成功的第一秘诀"这是爱默生的一句名言，自信的确能够推动着我们走向成功之路，因为它能够产生一种让人无法想象的力量。成就大事者必须要有自信这盏心灯。

自信是通向成功的入场券

一个人要想获得成功，就要学会自信。没有自信便不可能有成功，自信，就是人生成功的入场券。爱默生说过："自信是成功的第一秘诀。"可以说，人生最大的缺憾莫过于失去自信。

约翰逊经营一个小本杂货店，日子虽然平凡却也算幸福，但他一直觉得对妻子和孩子很内疚，总觉得他妻子和孩子本该更幸福。就是那种歉疚的心情激励他有了今天的成功。现在，约翰逊有了一所占地8000多平方米的漂亮新家，对他们来说空间已经够大了，而家里的设计能让人感觉很舒适。他和妻子再也不会为能否送他们的孩子上一所好的大学而发愁了，他的妻子在花钱买衣服的时候也不再有压力了。有一年，他们全家都去欧洲度假，并在欧洲度过了一个难忘的圣诞节。约翰逊感到自己已经过上了真正的生活。

约翰逊说："这一切的发生并不是偶然的，是因为我利用了信念的力量。"几年以前，我听说在休斯敦有一个经营日杂百货的工作。那时，我们还住在亚特兰大。我下决心试一下，希望能挣多一点钱。我到达休斯敦的时间是周日上午，但公司与我面谈还得等到星期一。"

"晚饭后，我坐在旅馆里静静思考，突然觉得自己十分可憎。'这到底是为什么，上帝怎么能这样对我！'我问自己，'为什么我总

是逃脱不了失败的命运呢？'"

　　约翰逊不知道那天是什么力量促使他做了这样一件事：他取了一张旅馆的信笺，写下几个他非常熟悉的、在近几年内远远超过他的人的名字。

　　这几个人取得了更多的权力和工作职责，其中一个原是邻近的农场主，现已搬到更好的边远地区去了；另一位约翰逊曾经为他工作过；最后一位则是他的妹夫。约翰逊问自己：什么是这三位朋友拥有的优势呢？他把自己的智力与他们作了一个对比，约翰逊觉得他们并不比自己聪明多少；而他们所受的教育，他们的性格、个人习惯等，也并不具有任何优势。终于，约翰逊想到了另一个成功的因素——主动性。不得不承认，他的朋友们在这点胜他一筹，而他总是被逼无奈时才采取某些行动。

　　那时已经是深夜2点钟了，可约翰逊的脑子却还十分清醒。他第一次发现了自己的弱点。他深深地探查自己的内心，发现缺少主动性是因为在内心深处他并不看重自己，对自己没有信心，更别谈什么远大的抱负了。

　　约翰逊回忆着过去的一切，就这样坐着度过了一夜。从他记事起，约翰逊便缺乏自信心。他发现过去的自己总是在自寻烦恼，自己总

对自己说不行，不行，不行！他总在表现自己的短处，几乎他所做的一切都表现出了这种自我贬值。

他终于想通了：如果自己都不信任自己，那么将没有人信任你！

于是，约翰逊作了一个决定："我一直都是把自己当成一个二等公民，从今以后，我再也不这样想了，我要成为一个优秀的公民，一个优秀的丈夫，一个优秀的父亲。"

第二天，约翰逊信心满满地参与了与公司的面谈，他将这次面谈当作是对自己信心的重要考验。在面谈以前，约翰逊的目标是向公司提出要涨一到两倍工资的要求。而在经过那次的事情之后，约翰逊认识到了他的自我价值，所以把这个目标提到了三倍。最终，约翰逊达到了目的，他获得了成功。

做自己梦想的主人

巴尔扎克小的时候成绩特别糟糕，全班共有35个孩子，他的拉丁文成绩排在第32名。连他的母亲都怀疑他会不会真的是个笨孩子。

长大之后，巴尔扎克总算跌跌撞撞地成了大学法学系的一名学生。父母要求他一边上学一边到一家律师事务所锻炼当书记员，因为他的父母想让巴尔扎克做一名律师。

大学毕业之后，巴尔扎克做了两年的书记员工作。突然有一天，他将律师事务所的案卷文稿推到一边，拿出了有生以来第一次反抗的勇

气,坚定地向众人宣布:"我对当律师毫无兴趣,当一名作家才是我的梦想!"

巴尔扎克的父亲知道后,恼怒得快要跳起来了,"你感兴趣的是什么?是文学!搞文学谈何容易?我看你也不是搞文学的料!"

"那不一定!"巴尔扎克摇摇头,十分自信地说,"一个人的成功,取决于他的信心和努力。"

"信心和努力?那好,从现在起,我给你两年的时间,如果搞不成文学,就得学习法律,你敢答应吗?"

"敢!"巴尔扎克回答得毫不犹豫。

事已至此,巴尔扎克没有任何退路了。于是,他跑到外面租了一间月租为五法郎的破屋做写作室,他还从家里搬过来一张木板床和一张遮上破碎皮革的小橡木桌还有两把旧椅子。他自己动手给斑驳的墙糊上纸,再找一个空瓶子做烛台。在这种艰苦的环境中,巴尔扎克开始了他的梦想之旅。

刚接触写作时,他不知道该从何入手。他先写了一本哲学著作,失败了;接着他又把精力转向历史古典剧。他不分昼夜地伏案写作,动辄三四天不出房门。冬天手冻麻木了也不离开桌子,他用旧毛毯盖住两只脚,用妹妹给的旧披肩围住肩头,继续写下去。闭门写作期间,他放弃了一切娱乐活动。没过不久,作品写出来了,然而又失败了。他还是不服输,于是动手改写历史小说,结果与先前没什么两样。一次次的失败不仅使巴尔扎克经受了接二连三的打击,也使父亲对他失去了原有的信心。

有一天,父亲跑来劝说儿子,让他回去工作,没想到巴尔扎克断然拒绝了父亲的提议。父亲暴怒之下,断绝了他的经济来源。此时的巴尔扎克,已经到了山穷水尽的地步。因为没有了父亲给的生活费,他只

能四处向熟人借钱，但借来的钱是有限的。为了节省开支，有时他一天只能吃一个小面包。

巴尔扎克拼命地阅读了许多世界文学名著来增长自己的知识和经验，广泛地接触社会和了解人生。图书馆和书店是他经常光顾的地方，他总是来得最早，离开最晚。有一次，他在图书馆里翻阅资料，边看边记，忘记了时间。图书馆的人员工作下班时也忘记和巴尔扎克招呼一声。第二天早上，图书馆的工作人员来上班，发现了还在边看边记的巴尔扎克。读书和写作使巴尔扎克到了废寝忘食的地步。

巴尔扎克的生活就是一篇连续不断的工作故事，他自己说过："我从来没有一次工作时间短于三个小时。"他每天写作十几个小时。不受人打扰的大量时间正是巴尔扎克所需要的，因此从晚上一点开始才是他的工作时间。

一旦工作起来，巴尔扎克就完全沉浸在工作当中，直到写得手指痉挛才稍事休息，接着又写下去。用他自己的话说："我已经把生命投入到这个坩埚里，像炼金术士投入他的金子一样。"在一连工作五六个小时后，筋疲力尽的巴尔扎克与干最重的体力活的工人没什么两样，然而这并不意味着巴尔扎克工作的结束，每天他都要借助又浓又黑的咖啡，重新发动他生命的机器。为了能使自己的神经赶得上那种有增无减的紧张劳动，他把咖啡煮得愈来愈浓。

巴尔扎克对自己辛劳、紧张的生活是这样描述的："下午6点钟睡觉，半夜起床，然后一连16小时我都在埋头写作。当中只留一小时吃饭的时间。我发誓要获得自由，不欠债，哪怕是欠一文小钱，即使付出生命，我也要坚持不懈地干到底！"

他的努力终于得到了肯定。1829年《舒昂党人》一书的出版，初步显示了一位伟大作家的才气。1831年，他发表了长篇小说《驴皮记》。

从此巴尔扎克声震文坛,这时他仅仅30岁。

拥有人生梦想很重要,坚持自己的梦想更重要,不要因一时的幸运而故步自封,更不要因一时的挫折而一蹶不振。真正的强者,从来都是那些善于从顺境中找到阴影,从逆境中找到光亮,并时刻校准自己前进方向的人。

每个人都有自己的人生和理想,每个人都有自己的生活和生存方式,但每一次选择或抉择都是命运的考验与超越自我的尝试,不管是成功还是失败,没有人能来代替,一切只能靠自己。

客观的环境我们无法左右,但我们可以左右自己的主观世界,许多人在人生的漫漫旅途中迷失了自我,被太多的不幸、苦难、坎坷所击垮,自暴自弃,很少想到命运其实就掌握在自己手里。

在拿破仑年轻的时候,有一次到郊外去打猎,突然听到河里有呼救的声音。他快步走到河边,看见一个年轻的男子正在水中挣扎呼救。其实这条河并不宽,那人时浮时沉地手脚胡乱挥舞,这也说明河水并不是很深。拿破仑端起猎枪对准那个人喝道:"你再不爬上来,我就要对着你开枪!干脆把你打死在水里。"溺水者一听,非但得不到帮助,还多了一重可能被猎枪射杀的危险。于是他奋力拼搏,很快就爬上了岸。

拿破仑用枪逼迫落水者自救,是想告诉他,自己的生命应该由自己负责。只有肯对自己生命真正负责的人才有可能真正有救。

不要指望别人能救你,也不要奢求他人会给你指明方向,更不要梦想上帝会眷顾你让你不劳而获。谁是你的救世主?人生没有救世主!谁也做不了你的救世主!如果真要有的话,只有自己才是自己的救世主,也只有自己才能救得了自己!

对自己的生命负责,把握自己的人生方向,充实自己,让心情灿

烂起来，因为只有自己才是自己真正的救世主，不要把苦恼的原因归咎于别人，而是要以积极乐观的心态面对生活，做自己的主人！

拯救自己的方式只有一个，那就是勇敢地战胜和超越你自己，必要时放下一切从头再来。当你败下阵来，走投无路的时候，千万别忘了鼓励自己，让自己重拾信心。只有这样你才能集聚全身力量，走出困境。

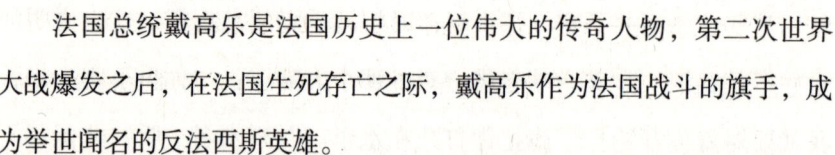

相信自己一定可以

法国总统戴高乐是法国历史上一位伟大的传奇人物，第二次世界大战爆发之后，在法国生死存亡之际，戴高乐作为法国战斗的旗手，成为举世闻名的反法西斯英雄。

但谁能想到，戴高乐小时候身体非常瘦弱，平日里总是低垂着双眼，一副很不起眼的样子，但他是个自信的孩子，喜欢玩一些冒险的游戏。比如，他经常把楼梯的扶手当作滑梯，趴着身子从上面滑下来。有一天他不小心从楼梯上摔了下来，妈妈连忙将他扶起并问他怕不怕疼。10岁的戴高乐却仰起头，说道："为什么要怕？难道我丧失了什么？"

小时候戴高乐就特别热衷于打仗游戏。有一次，他母亲正在家里做家务，戴高乐的小弟弟哭着跑回来，只见他浑身是土，脸上被泪水冲得一道一道的。母亲急忙问是怎么回事，小弟弟说："哥哥打我！"

母亲给他擦了擦脸上的泪水，又问："哥哥为什么打你呀？"

小弟弟回答:"我们在一起玩打仗游戏,哥哥让我装特务,送情报的时候我被抓住了,我没有执行司令官的命令吃掉情报,而是把情报交给了敌人。哥哥就说我胆小,不是合格的军人,就使劲打我,打得我好痛啊!呜呜!"

"谁是司令官呢?"母亲继续问。

"就是哥哥。"

母亲听完,无可奈何地摇了摇头。

还有一次,戴高乐和他的哥哥等人一起玩游戏,他的哥哥一直装扮德国皇帝,感到有点乏味,于是对戴高乐说要换着当一次法国的国王,谁知戴高乐听完就生气了,他坚决不同意,挥着拳头高声叫道:"不行!法国国王是我的!"

快乐的童年很快就过去了,戴高乐逐渐长成为一个身体强壮的青年。他身高两米有余,双腿修长。

戴高乐在中学二年级的时候,有一天放学回家,他对父母说:"我已经打定主意了,我要去考圣西尔军事学院,我要当军人。"此时,整个法国正笼罩在战争失败的阴影之中。他知道实现自己理想抱负的机会来了,毫不犹豫地选择报考了圣西尔军事学院。他在报考志愿书上郑重地写道:"军队是座堡垒,它将决定一切……在这动荡的四分五裂的国度里,如果国家还有复兴的希望,这个希望就必将通过军队并且首先在军队里产生。"

中学毕业后,戴高乐经过一年的准备,参加了圣西尔军事学院的入学考试。1909年8月,他终于接到圣西尔军事学院的录取通知书,踏进了军事学院的大门。在军校的两年里,戴高乐比其他所有的同学都要活跃,他常常在各种场合发表即兴演讲。他的演讲内容详实具体,非常生动,极大地鼓舞了同学们的爱国热情和斗志。戴高乐的这段人生经

历，对他以后成为一名出色的军事家和演说家做了很好的铺垫。

1912年，戴高乐以优异的成绩毕业，从此开始了他的军事生涯。在战争中，戴高乐将他杰出的军事和领导才能发挥得淋漓尽致，并最终如愿以偿地登上了法兰西共和国首任总统的宝座。

戴高乐的事迹激励我们，一个人树立的志向越远大，他的才能发展就越能发展，对社会就越有益。所以，我们在从事一项事情之前，最好先决定志向，志向决定之后就要全力以赴毫不犹豫地去实行，这样才能获得成功。

还有一个人值得我们注意，他就是梅尔文·亚班斯。他从事的工作是培养推销员，但他最擅长的是激发每个人的潜能。他负责把某人从不能发挥特长的工作岗位，调到更能发挥才能的职位上，而且往往都会获得非常好的成效。他称自己从事的工作是"人类改造业"。他喜欢人、相信人，能在人们身上发掘出未开发的能力，并帮助人们实现自身的长足发展。

例如，有一个叫杰克的青年，担任非常呆板的事务性工作。但是他很有才能、善于交际、待人和善、工作认真，经常提出促进生产的新构想。不仅如此，他还能很好地激励周围的人奋发向上。亚班斯很欣赏杰克，认为他还有许多未开发出来的潜能，于是就问他："你认为这家公司如何？"

"我认为它是世界上最好的公司，能在这里工作对我是很大的鼓励，我想成为一名公证会计师。"

亚班斯这样对他说："我来告诉你我的看法吧，也许你会惊讶，其实你有非常好的推销天份。你热爱公司的产品，如果负责销售，一定能获得最好的成绩，不论对公司还是对你自己都能带来很大的利益。"

这意外的建议使杰克惊讶极了,他很自然地流露出了他的另一面——那就是不安与缺乏信心。

"不,我对现在的工作很满意,我已经驾轻就熟,就像在自己的家里一样,改变工作可能会让我变成离水的鱼,我不能改行做推销员。"他对自己的能力感到怀疑,对离开安定的老巢显得很不安。

但是,亚班斯非常坚持:"你并不了解你自己。你现在最需要的是不要怀疑,对自己要有信心,必须了解真正的自己。"亚班斯的热情终于使杰克答应接受推销技巧的培训。后来连他自己都觉得惊讶,因为他对销售工作非常感兴趣。

讲习班的讲师对亚班斯说:"你发现了一位可以说是天生的推销员,只是他本人还缺乏信心。""不久他就会有信心的。"亚班斯回答道。

杰克到外面去实际访问客户的一天终于到来了,他心中十分忐忑。亚班斯对他说:"我也一道去吧,在你负责的部分地区我可以和你一起。"

亚班斯把新推销员杰克带到了成交可能性较大的顾客那里。杰克发挥了他的社交特长,令对方相当满意。他很仔细地观察亚班斯为他示范的推销法。在两人一道进行访问的过程中,杰克获得了宝贵的经验。亚班斯也把自己的信念与自信植入了杰克的心中。不久,杰克开始相信自己的能力了,他改变了对自己的看法,在工作过程中产生了成就感,并越来越喜欢这项工作。

有一天,亚班斯对这位新推销员表示,以后不能和他一起出去了,他必须自己一个人去面对客户,接着给他打气说:"保持热忱,待人温和,对公司的产品和自己要有信心。""我一个人也做得来。"杰克带点不安地回答道。"你绝不会孤独的。"亚班斯鼓励他。

后来，杰克发挥他的潜能获得了成功。亚班斯的判断没有错。

可见相信自己的能力是我们成功的关键。我们要对自己有清晰的认识和准确的定位，才会在成功的路上越走越远。

自信成就辉煌人生

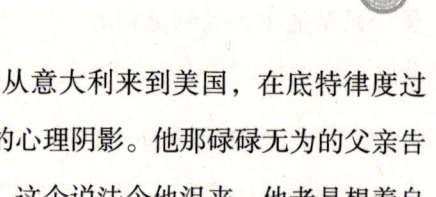

基安勒很小的时候，跟随母亲从意大利来到美国，在底特律度过了悲惨的童年，痛苦和自卑成为他的心理阴影。他那碌碌无为的父亲告诉他："认命吧，你将一事无成。"这个说法令他沮丧，他老是想着自己苦闷的前程。

有一天，母亲告诉他："世界上没有谁跟你一样，你是独一无二的。"母亲的话使他燃起了希望之火，他认定他是第一，没人比得上他。母亲鼓励他的自信奠定了他成功的基础。

当他第一次去应聘，这家公司的秘书要他的名片时，他递上一张黑桃A，结果立刻得到面试的机会。经理问他："你是黑桃A？"

"是的。"他说。

"为什么是黑桃A？"

"因为A代表第一，而我刚好是第一。"

就这样，他被录用了。

想知道后来的基安勒吗？他成功了，真的成了世界第一。他一年

推销1425辆车，创造了吉尼斯世界纪录。

基安勒每天临睡前都要重复几遍说"我是第一"，然后才入睡。这种鼓舞性的暗示坚定了他的信心和勇气，使他的个性得到了有力的强化。

在这个世界上，我们每个人都是独一无二的，所以，我们应该时刻告诉自己："我是第一。"

唐代著名诗人李白在《将进酒》中留下了不朽的名句："天生我材必有用，千金散尽还复来。"这个"天生我材必有用"更成了人们自我肯定和鼓励他人的名言。

人生，充满了丰富深邃的内涵；人生，闪烁着斑斓神奇的色彩。每个人的一生经历都不尽相同，有的如柏油马路平坦笔直，有的如盘山小道九曲回肠；有的如钱塘江潮水汹涌澎湃，有的如西子湖水波光潋滟。但不管是哪种境界，都值得思索，值得回味。

每个人生来都是有意义的，可以想象李白说此语时的飞扬神采和洒脱豪迈。他一生并不顺利，但是贵在有这种自信，才能成就大业。更可贵的是李白虽然说的是自己，却鼓舞了他人。细想一下，每降临一个人，不论男女、无分胖瘦、不管学历高低、不管富贵还是贫贱……或路途平坦或崎岖有别，但只要坚持努力，永不言弃，每个人必有其用武之地。

选择怎样的人生之路，谱写怎样的人生篇章，完全取决于你自己。而对自己人生目标的规划，又来源于对自我的正确评估，正确认识自我，评价自我，培养良好的自我意识，对一个人的青年期，以至人的一生的发展都有重要的作用。

任何人在其成长道路上都不是一帆风顺的，难免要经受各种困难的考验。自古以来，人们都把一个人能吃苦看作是其成才的一个基本前提条件。早在春秋战国时期，孟子就说过："故天将降大任于斯人也，

必先苦其心志，劳其筋骨，饿其体肤，空乏其身，行拂乱其所为，所以动心忍性，曾益其所不能。"中国有句古话："艰难困苦，玉汝于成。"就如为祖国争得荣誉的体育健儿，没有一个不是经过多年的摔打锤炼、刻苦拼搏、吃尽苦头、流尽汗水才取得来之不易的成就。古语云："吃得苦中苦，方为人上人。"此话虽有片面之处，但是不无道理，对一个人的成长不无借鉴意义。

在我国乒坛上"邓亚萍"这个名字众所周知，不仅如此，有的人在谈及她时还绘声绘色地将她描绘一番：矮矮的个儿，胖胖的脸，打起乒乓球来简直像只出山的小猛虎，出手快捷，攻势凌厉，勇不可挡，往往只需几板就把对方制服了。

邓亚萍在我国乒坛，乃至世界乒坛上已是名声大噪，堪称"大姐大"。自她1986年拿到第一个全国乒乓球锦标赛的冠军开始，到1997年5月的第四十四届世界乒乓球锦标赛为止，在短短的11年间，她一共在全国性和世界性各种乒乓球大赛中拿到153个冠军，尤其从1989年入选国家队到1997年的第十届乒乓球锦标赛这9年的历史最为辉煌，仅在世界级别最高的奥运会、世界杯赛和世界锦标赛这三大比赛中，就独自一人获得18块金牌，并且还是国际体坛上唯一一个三次接受国际奥委会主席萨马兰奇亲自授奖的运动员。这不但在中国乒坛，而且在世界乒坛史上都写下了光辉的一页。

邓亚萍的成长之路，也是坎坎坷坷，历尽磨难。她4岁多时便发挥出了"铁娃"的本色，平时拼拼打打从不哭闹，并且玩什么都格外专注。这被在河南郑州市体委任乒乓球教练的父亲看在眼里，喜在心头，认定这是一块搞体育的好料。

于是父亲开始一心一意地培养邓亚萍打乒乓球。一晃五年过去了，邓亚萍在父亲的调教下，乒乓球技术已达到一定水平。为使她能得

到更好的培养和训练，父亲将她送到河南省乒乓球队去深造。然而，去后不久，便被退了回来，其理由是个头矮，手臂短，无发展前途。这在少年邓亚萍的心灵上留下了一道深深的伤痕。

不过令人欣慰的是，在父亲的鼓励下，倔强的邓亚萍并未因此一蹶不振，反而练得更加刻苦，并发誓有朝一日一定要拼出个人样来。

1986年是邓亚萍人生中出现重大转折的一年。那一年，年仅13岁的她临时顶替河南省代表队一名生病的运动员参加全国乒乓球锦标赛。赛前教练们对她并不抱有什么期望，要她顶替上场纯粹是为了不使该队"弃权"。

出人意料的是，这个名不见经传的矮个姑娘竟然接连击败了耿丽娟、陈静等在内的当时很有名气的国手，一举登上了冠军宝座，爆出了本届乒乓球赛的最大冷门，成为一匹引人注目的"黑马"。

经历了这次比赛，这位被判"无发展前途"的小姑娘，成了当时国家乒乓球队副教练、女队主教练张燮林手下的一位女弟子。从此，邓亚萍在中国体坛的圣殿里将其那股在逆境中练就的"铁娃"本性表现得淋漓尽致，乒乓球的水平水涨船高。经过各次大赛的历练，她最终登上国际乒坛女霸主的宝座。

从邓亚萍人生发展的崎岖道路我们可以看出：对绝大多数人来讲，成才之路都是崎岖坎坷且布满荆棘的。虽然有成功的光环在前方召唤，但追求成功的过程却是艰难的。好比在波涛中前行的航船，前方虽有光明的灯塔，但通往灯塔之路却随时会出现漩涡、暗礁，会有抛锚停船甚至船翻落水的危险。但既然已认定目标，认为自己的选择是正确的，我们就应当勇往直前，丝毫不能退缩、动摇。

面对命运的挑战，只有选择做生活的强者，才能紧紧扼住命运的咽喉，在立志成才的道路上披荆斩棘，一往无前，实现自己的人生价

值，寻找自己的位置。

邓亚萍有一段描述自己心理感受的话感人肺腑。她说："我并不相信命。每个人的命运都掌握在自己手里。有人说我命好，为世界乒坛创造出了一个'常胜将军'的奇迹。我觉得，我可能天生就是打乒乓球的命，但上帝不会将冠军的桂冠戴在一个未真诚付出汗水、泪水、心血和智慧的运动员身上，我自己满身的伤病就是证明。体育运动之所以魅力无穷，一个重要的原因就是它充分展示人类不屈服命运、永不停息向命运挑战的精神。"邓亚萍认定了乒乓球事业，认定自己就是"打乒乓球的命"，自己的兴趣、自己的未来就在这小小的银球上，因此她坚韧不拔地去追寻、去拼搏，终于成就了辉煌的人生。

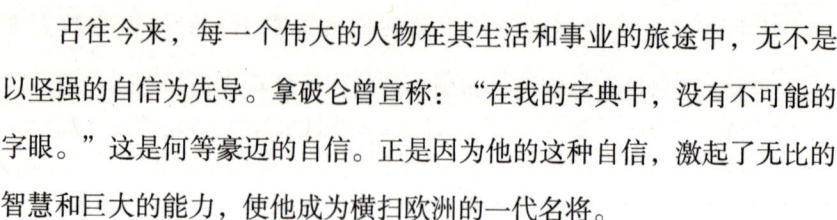

肯定当下的自己

古往今来，每一个伟大的人物在其生活和事业的旅途中，无不是以坚强的自信为先导。拿破仑曾宣称："在我的字典中，没有不可能的字眼。"这是何等豪迈的自信。正是因为他的这种自信，激起了无比的智慧和巨大的能力，使他成为横扫欧洲的一代名将。

因此我们说，肯定当下的自己就是肯定以后的成功。你的人生能否获得成功取决于你是否懂得肯定当下的自己，是否善于发现自己的优点。

只要你勇于展示自己的智慧和风采，懂得肯定当下的自己，你就

会发现，你完全没有必要仰视别人。青松有青松的挺拔，梅花有梅花的品格，翠竹有翠竹的清韵，每个人都有自己的独一无二之处。所以，肯定自己、认清自己比注视别人更重要。生活所需的不只是自谦，更应有自信。

威廉·詹姆士说："一般人只使用了他心智能力的10%，大部分人并不了解自己有些什么才能，与我们应该取得的成就相比，其实我们的能力还有一半以上未被唤醒。我们只用了我们能力的一小部分。人往往活在自己所设的一个有限的空间里，我们拥有各种各样的能力，却不能成功地运用它们。"

所以，即使你现在过得不是很如意，或者还没有取得什么成就，但只要你用一颗肯定自己的心重新审视自己，你就会发现你拥有一方坚实的土地，拥有属于自己的一切。不必追求别人的时尚，你只需站在属于自己的位置，不断展示你内心的缤纷世界，给周围以美丽，给日子以诗意已经足够强大。

有一位斐名国际的专业摄影师，他的名字叫汤尼·布朗，作品经常出现在国家的许多报纸和杂志上。他对生活的态度与他的作品一样，影响着很多人。然而他现在乐观、积极的生活态度与他多年前经历的一件事情密切相关。他回忆道："那件事情发生在20年前。我的工作不顺利，家庭也出了问题。有一天下午4点左右，我走在市中心的街上，要去一个客户那儿做简报。突然，我听见一长声喇叭和一个女人的尖叫声，我抬起头看见一辆车正向我冲来。"

"一切仿佛慢动作一般，我呆呆地站在那儿，充满恐惧地望着冲向我的车，我脑子快速闪过……完了！我死定了！就在这千钧一发之际，我感觉有人猛地抓住我把我往后拉。只差区区几公分车就会撞到我，我甚至还感觉到车子擦过我的外套。我转过身，惊魂未定地看着那

个救了我一命的人，是一个矮小的中国老人！"

"我真是被那个意外吓倒了，全身发抖地坐在路旁的椅子上。"布朗先生继续说，"那个中国老人也走过来坐在我旁边，还关心地问我伤着没有，我说我还好。'好险！'他说。我说：'我知道，谢谢你救了我一命！'我解释说我过马路时有点心不在焉，他说：'在我的国家有一种说法：安身立命，活在当下！'人的一生不应当时时被烦恼缠身。"

"在听到这句话的一瞬间，我发现了生活的秘密。秘密不是那一刹那，而是'活在那一刹那'。快乐不是花几年、几个月、几个礼拜，甚至几天去找来的，它是从当下的生活里面找到的。"

是的，就是要活在当下，把握好今天。相信自己，肯定自己，肯定当下。没有什么能阻挡你的步伐。所以，请不要把你自己主动装进世俗的套子里，不要经常拿自己与别人相比，要懂得发现自己的优点，相信你自己总有一天也会在某一方面达到别人无法企及的高度。

回顾李富荣的运动生涯，使他获得成功的因素有很多，但归结起来，最重要的一点是他的那种"我能赢，我能赢"的自信。

从小时候开始，李富荣就表现出十分强烈的好胜心。一上乒乓球台他就瞪起双眼，显出一股永不服输的劲头。靠着这股劲头，他赢得了教练的欣赏。也正是靠着这股劲头，少年李富荣居然胜过一位曾在全国比赛中拿过第三名的女将。

要想取得成功，不仅要在主观愿望上相信自己一定能赢，而且需要有扎实的基本功做基础。为了提高技术，李富荣苦练不止。夜里睡觉，球拍就放在枕边。一天半夜，他在睡梦中操起了球拍，使劲挥动，一下打在睡在旁边的同伴的头上。

这种与生俱来的自信给李富荣带来了极大的收获，并形成了他顽

强、凶猛的球风。另一位乒坛老将徐寅生回忆往事时说："我打球，最怕李富荣和张燮林。你跟他们打球，心里难受，好像老赢不了他们似的。"

李富荣的自信还表现在执教中国乒乓球队的过程中。他当教练不久，在第35届世界乒乓球锦标赛上，男队大败而归，这是25届世乒赛以来最惨重的失败。

赛后一位记者请他发表感想。李富荣很有信心地回答："匈牙利队重新夺得世界冠军用了整整27年时间，我们中国队夺回斯韦思林杯，绝不需要27年。"他在日记本的扉页上写道："36届一定要打翻身仗！翻不了身，我就下台！"

他认为，35届世乒赛的失利，除了技术因素之外，最主要的是队员们的意志力差，遇到困难时顶不住，关键时咬不住。只要在发展新技术和提高队员的意志上下功夫，就一定能够获得成功。这也是自信的一种表现。

用自信撑起一片天

我们要想找到安全的避风港，首先要具有敢于承担风险的自信。只有当我们敢于承担风险时，我们的境遇才会在奋斗中逐渐改变。一个人如果没有冒险的勇气，他超越自我的机会就微乎其微。

"自信"之光将照亮每个人的心灵，将让自卑者在黑夜中找到光

明。坚定地相信自己，绝不因为任何东西而动摇，坚定自己有朝一日必定能在事业上取得成功的信念，这就是所有取得了伟大成就人士的基本品质。

2001年5月20日，美国一位名叫乔治·赫伯特的推销员，成功地把一把斧子推销给了小布什总统。布鲁金斯学会得知这一消息，把刻有"最伟大推销员"的一只金靴子赠给了他。这是自1975年以来，该学会的一名学员成功地把一台微型录音机卖给尼克松后，又一名学员登上如此高的领奖台。

布鲁金斯学会以培养世界上最杰出的推销员著称于世。它有一个传统，在每期学员毕业时，设计一道最能体现推销员能力的实习题，让学生去完成。克林顿当政期间，他们的题目是：请把一条三角裤推销给现任总统。八年间，有无数学员为此绞尽脑汁，可是最后都无功而返。后来克林顿总统卸任，布鲁金斯学会就把题目换成：请把一把斧子推销给小布什总统。

前八年的失败使许多学员放弃了对金靴子奖的争夺，个别学员甚至认为，这道毕业实习题会和克林顿当政期间一样毫无结果，因为现在的总统什么都不缺，即使缺少也用不着他们亲自购买。

然而乔治·赫伯特却做到了，并且没有花多少工夫。一位记者在采访他的时候，他是这样说的："我认为，把一把斧子推销给小布什总统是完全可能的，因为布什总统在得克萨斯州有一座农场，里面长着许多树。于是我给他写了一封信，说：'有一次，我有幸参观您的农场，发现里面长着许多大树，有些已经死掉，木质已变得松软。我想，您一定需要一把小斧头，但是从您现在的体质来看，这种小斧头显然太轻，因此您仍然需要一把不甚锋利的老斧头。现在我这儿正好有一把这样的斧头，很适合砍伐枯树。假若您有兴趣的话，请按这封信所留的信箱，

给予回复……'最后他就给我汇来了15美元。"

乔治·赫伯特成功后，布鲁金斯学会对他进行了表彰，表彰时说："金靴子奖已空置了26年，26年期间，布鲁金斯学会培养了数以万计的推销员，造就了数以百计的百万富翁，但这只金靴子之所以没有授予他们，是因为我们一直想寻找这么一个人，这个人不因有人说某一目标不能实现而放弃，不因某件事情难以办到而失去自信。"

其实，不是因为有些事情难以做到我们才失去自信，而是因为我们失去了自信有些事情才显得难以做到。

许多推进了人类文明进程的人，在刚开始时落魄潦倒，并经历了许多年的黑暗岁月，在那些最黑暗的岁月里，他们看不到事业成功的任何希望。但是，他们毫不气馁，刻苦努力，他们坚信终究有那么一天将会柳暗花明。

有这样一个故事：有一位王子长得十分英俊，但却有驼背的毛病，他请了许多名医来医治自己的病，但都没有治好。这使得王子非常自卑，不愿意在大众面前露面。国王见到这种情况非常着急，专程去请教一个智者，智者帮他出了一个主意。

国王请了全国最好的雕刻家，刻了一座王子的雕像。刻出的雕像没有驼背，后背挺得笔直，脸上充满了自信，让人一见觉得光彩照人。国王将此雕像竖立于王子的宫殿前。

当王子看到这座雕像时，他的心中像被大锤撞击了一下，产生一种强烈的震撼，竟流下泪来，国王对他说："只要你愿意，你就是这个样子。"

从此以后，王子时时注意要挺直后背，几个月后，见到他的人都说："王子的驼背比以前好多了。"听了这些话，王子更有信心，以后更注意时时保持后背的挺直。

终于，奇迹出现了，当王子站立时，他的后背是笔直的，与雕像一模一样。

你也像王子一样驼着自卑的背吗？给自己制定一个目标，告诉自己：我是自信的！那么渐渐地你将会发现，你可以像那个王子一样自信。

这种充满希望和信心的心态将产生伟大的力量，无论其是否在枯燥无味的苦苦求索中煎熬，人们都可以充满自信、锲而不舍地达到光明时刻，达到事业有成的顶峰。

信心是一种思想上的先见之明，这种先见之明能看到我们肉眼不能看到的景象。信心同时也是一位好导游，指导我们开启紧闭的大门，将那些障碍背后的光明前景指给我们看，为我们指点迷津，而那些没有自信的人，没有这种精神能力的人是无法看到这条光明大道的。

马云：我相信"相信"

马云说过这样的话："一生中总有那么一些时刻，我们需要鼓起勇气去作选择。而这些选择不仅不符合常理，违背理性，甚至离经叛道得罪亲友。即便如此，我们可能还会一意孤行！因为我们相信自己的决定，我们做了最该做的事。"

大家都知道，创业是一个充满诱惑又充满危险的字眼，可是它又无时无刻不拨动我们的心弦。创业是迅速积累财富、出人头地的最好机会，也是全军覆灭、跌入万丈深渊的完美陷阱。对一个穷男人来说，创

业意味着付出比别人更多的艰辛和巨大的风险。

马云，中国商界的叱咤红人，曾经也是不名一文的穷小子，当然他的创业之路也是充满坎坷与艰辛。

不可否认，创业的成功也离不开强烈的对金钱的欲望，这种欲望是推动你克服困难、奋勇向前的动力。我们并不知道马云当初对赚钱的欲望如何强烈，但是我们知道，人要想获得成功是需要有所付出的，不管最终的结果是失败还是成功，改变这种生活需要万分的勇气、强烈的渴望，以及付诸行动的澎湃激情。相信的力量可以改变一切！

不妨回忆一下，你是否曾骄傲地说过："我能做到。"驻足回首，记忆中是否有"我相信自己"之类的话语。"相信自己，我能做到"说起来很容易，但它并不是一句空话，更不是一句玩笑。这句话更深一层的含义是肯定你的能力，对自己的一种考验。虽然你很有实力，但是你不相信自己，你不敢说"我能做到！"这样，鲜花和掌声就会和你擦肩而过；等你发现时，已经为时晚矣，成功的宝座已属于那些敢于说"我能做到"的人。

如果没有许海峰那惊人的一枪，中国在奥运会上就不会有零的突破；如果没有哈佛女孩刘亦婷的"我佩服她，但我并不服她"，哈佛校园中就会失去一道亮丽的风景……无数的"如果没有"，向我们诉说着自信的魅力。谁会说自己不会为之心动？

"相信自己，我能做到！"这是对我们自己能力的挑战，在这个经济日新月异、迅猛发展的时代，请不要幻想别人去发现你、挖掘你，而是要有"毛遂自荐"的勇气，要有竞争的意识，时刻准备着说："我能做到！"

如果你是雄鹰，就不要心安理得地待在巢穴里，只有搏击长空，人们才可以领略你雄伟的风姿。如果你是金子，就不要甘心永远被埋在

沙子里，敢于亮出自己，这样，人们才会看到你的闪光点。如果你是花朵，就不要含苞待放，你一定要露出笑脸，别人渴望得到你的芳香。如果你是雨滴，就不要永远藏在云朵里，要知道，大地渴望得到你的滋润。过去是无法更改的覆水难收，将来是遥遥无期的壮志难酬，唯有今天把握在我们手里，命运就掌握在我们自己手中，关键看你是否能做好准备，相信自己，把握好时机。相信自己，亮出青春的风采，相信自己，点燃心中的勇气！

成功的过程可能很简单，也可能很坎坷，它们都有一个共同点：相信自己，行动起来！无论这种机会的成功率是多少，但总有成功的希望，面对转折，无论结果如何，都要坦诚面对，因为我们曾经为此而努力过。

马云现在让我们看到的是他在互联网创造的辉煌和光环，如果多年前他只安分地做着自己的外语教师，当然也就没有创造互联网神话的机会。今天我们借鉴的，是他当年走出现状的勇气，没有走出也就没有改变。马云和他创业初期的搭档何一兵，包括他最初的中国黄页团队，仅仅是因为当初的不安现状后付诸行动，才改写了每个人的命运。

马云说过：我不知道为什么许多人找各种理由一边说渴望改变，一边又矛盾地留恋着现状温暖的窝，就是不肯经历风雨。没有付出就没有改变，没有走出来，梦终究是个梦，更不会感受到彩虹的绚丽。

马云相信：人生不是你获得了什么，而是你经历了什么。因为你信，你才有机会；如果你不信，就一点机会都没有。大家在学校里会学到很多知识，那么多知识真正为毕业后所用其实不多，但学校的经历却教会了我们很多最初并不知道的一些道理。不管别人相不相信，我们自己相信自己。我们在做任何产品的时候只要问自己三个问题：第一，这个产品有没有价值？第二，客户愿不愿意为这个价值付钱？第三，他愿

意付多少钱？我们有许多免费的服务，但免费并不意味着不好，我们打败许多竞争对手的秘诀就在于我们免费的服务比他们收费的还要好。我们受到很多批评，但仍然坚持我们所做的东西，只要我们的业界——不是IT界，这些传统企业觉得好，就行。我们不关心媒体怎么看我们，也不关心互联网评论家怎么看我们，我们也不关心投资者怎么看我们，我们只关心我们的用户、商人怎么看我们。电子商务应该由商人来评价，商人说你好，你就好，商人说你不好，就要倒闭。

  在越来越多的模式推陈出新的时候，我们告诉自己，面前有十几只兔子，就盯着一只兔子不放，它逃到哪里，我们就跟到哪里，直到把它抓到为止。几个礼拜以前我跟孙正义见面，我跟他说："一年前我们是这个目标，现在还是这个目标，只不过我们离目标比一年前近了。"我发现很多网络公司今天做这个，明天做那个，流行什么做什么，这样的网络公司说明从第一天起，它就并不相信自己，不知道自己究竟要做什么。

  坚信马云说的这句话：今天很残酷，明天更残酷，后天很美好！让我们用努力奋斗来迎接后天的辉煌吧！笑到最后的人才是真正的成功！

经营长处：用优势铸造自信

  在这个世界上，差异是我们每一个人存在的理由。一个人的优势是个人魅力之所在，我们应当珍惜、保护和发展自己的优势，并为它骄

傲，用以弥补自己的劣势，使自己成为自信、自强、独立的人。

很多时候，人总在努力发掘自身的缺点和不足，以求找到与别人的差距，从而对症下药，奋起直追，达到赶超的目的。但往往事与愿违，其结果不仅使自己陷于深深的苦恼和自卑之中，甚至还误入疲于奔命的歧途。

造成这种结局的很大原因就是：人们老盯着自己的弱项不放，忽视了自己的优势；更不懂得如何扬长避短，发挥自己的优势。

迈克·约翰逊是美国一名杰出的田径运动员，他曾经多次获得冠军，名震世界。但是有些人可能观察到，他的跑步姿势和其他运动员不太一样，总是像企鹅似的不停摇摆，看上去非常笨拙。也正因为如此，在最初的时候，教练们并没有重视他，其他人也讥笑他是跑道上的"另类"，很难获得好成绩。而令人意想不到的是，约翰逊凭借这独特的姿势，不断地勇创佳绩，打破了由意大利选手门内阿保持了20多年之久的男子200米世界纪录，奠定了他在这个项目上的王者地位。

有一位商人将儿子送进了一所著名的学校去读书，想要儿子接受更好的教育。然而，他的儿子并没有体会到父亲的良苦用心，经常逃课到附近的采石场玩。这样过了一段时间后，他开始喜欢上錾削的叮当声，痴迷于石雕。商人看到这种情况，并没有对他的儿子进行严厉呵斥和阻挠，反而决定将儿子转到在石雕技术方面较为突出的学校。这个决定改变了儿子的一生，也成就了一位卓越不凡的工匠。

要问有些人为什么能出众、成才？不言而喻，只因为他们善于发现并经营自己的长处和优势。正如约翰逊在接受媒体采访时说的那样，他也曾想过改变跑步姿势，但很别扭，同时还影响速度。于是，他干脆特立独行，只要自己觉得舒服，而且这个姿势很适合自己，所以就加以保持、训练，直至独步田坛。同理，商贾的儿子能成才，完全在于商贾

及早发现了儿子的优势,并且因势利导,合理、科学地进行培养,这些都是明智之举、成功之为。

人的一生,应该是经营自己的长处、发挥自身优势的一生。只有客观、清晰地了解自己的特征、特点、特长,使其日臻完善,才能描绘一幅充满生机、不断成功的人生画卷。而懂得发现和利用自己长处的人,不仅可以增强自己的实力,也会凭借自己的这一优势在与他人竞争的过程中获得有利位置,从而鼓舞自己的士气,增强信心,投入到奋斗中。

我们知道,一个人的优势并不是很容易就被挖掘出来的,就像深埋在地底的热能,只有在积累到一定程度的时候,才有可能爆发出来,发挥其应有的价值。当一个人的优势显现出来的时候,就像是火山爆发一样,不可阻挡。

身为一个平常人,我们能有什么优势呢?相信不少人在平凡的生活中都这么想过。其实,我们更需要仔细地关注自己,只有这样,才能发现自己,肯定自己。

有这样一位老师,她接手了一个特殊的班级,之所以说它特殊,是因为这个班级的学生全部都是后进生。学生们都觉得自己像是被父母抛弃的孩子,情绪非常低落。为了让学生们重拾自信,这位老师带着学生们进行了一个游戏:她在一个玻璃瓶里面装了48张纸,每张纸上都有一个学生的名字。她每抽出一张,就让被抽中的同学自信地说出自己的优点。第一个被抽到的学生是A,他是班上一个极为普通的学生,学习成绩不突出,也并不属于顽皮的那一类。他思考半天说,他的优点是孝敬父母。这位老师又再次鼓励他,让他仔细想想自己身上的其他优点。这个学生怎么也想不出来了,他开始沉默。这时,老师又问其他同学是否发现了他的优点。同学们都很积极地回答,说出了很多优点,比如他

体育不错，在一次校运动会上，跳远还取得了很好的成绩；尽管他学习一般，但他很诚实，从没抄过作业；他还十分讲义气，在同学遇到困难的时候，总会用心地去帮助别人……此时，这个同学十分惊讶，他没有想到自己竟然会有这个多的优点。接着，老师又让他抽出一张纸，被抽到的同学是B，B想了一会儿，说自己的优点是乐观、胆子大，然后就摇摇头说没有了。老师又问其他学生，有的说他读的书多，知道的多；有的说他做事谨慎，有责任心等等。接下来是第三个同学，在同学的帮助下，也都没想到自己竟然还有那么多的优点。然后是第四个同学……就这样，班上的同学都看到了自己在同学眼里的优点，而这些优点竟然都被自己忽视了！游戏结束时，同学们的自信心大涨，都认为自己其实是很优秀的！

确实如此，发现自己的优点并不简单。因为自己的眼睛、思维、甚至是评判自己的标准，都被大量主观的、情感的因素所影响，因此人们对自己的评价就不会那么全面、客观和准确。有时人们在评价自己的时候会有"只缘身在此山中"的感觉。发现自己还需要很大的勇气，给自己以信心，才能正确地评价自己，发现自己的长处，肯定自己的能力。

忽略自己的优点就是忽视自己的优势，就是减少成功的机会。而如果你能经营自己的长处，掌控自身优势，就会为你的生命增值；反之，如果你经营自己的短处，那会使你的人生贬值。"条条道路通罗马"，"此门不开开别门"。世界上的工作千万种，对人的素质要求各不相同，在不同领域中总可以找到自己的发展天地。

宋代诗人卢美坡有诗云："梅须逊雪三分白，雪却输梅一段香。"只要你善于发掘自己的能力、发挥自己的优势、经营自己的长处，你就会因为这点改变受益匪浅：自信得到增加，实力得到增强，自己的发展就会顺畅许多，而成功也就成为水到渠成的事了。

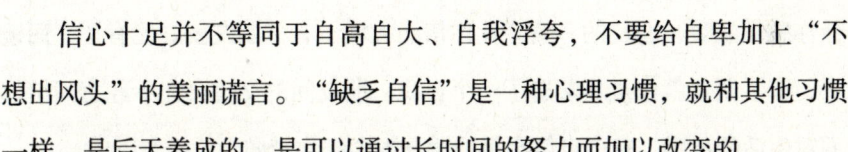

如何让自己充满自信

信心十足并不等同于自高自大、自我浮夸，不要给自卑加上"不想出风头"的美丽谎言。"缺乏自信"是一种心理习惯，就和其他习惯一样，是后天养成的，是可以通过长时间的努力而加以改变的。

如果成大事者想进行自我改造、自我管理，进行某方面的修养，就应首先了解自己，认识自己，根据自身的条件和实际的可能，使自己的长处得到发挥。这样，你就会感到自己并不比别人笨，因为，你有不及别人的地方，别人同样有不及你的地方，这样想后，你的自信心便会由此产生并不断增强。

下面介绍生活中几种增强自信心的简易方法，作为青少年的我们如能熟读这些原则，就一定能成为充满自信的人。

第一，要做好坐在前面的思想准备

你大抵已发现，不论是什么样的集会，总是后面的座位先坐满。许多人愿意坐到后排，是因为自己不想为人注目，不想引人注意，这很多是由于缺乏自信心的缘故。你要反其道而行之，坐到前面去，给自己带来信心。

第二，正确对待失败，扬长避短

在现实生活中，人们经常会遇到困难、挫折、甚至是失败。在这

种情况下，我们不仅要认真总结经验教训，还要以自己坚强的意志克服这些不顺。任何一个人都不是完美的，也不是完全的不可救药，谁都是优点和缺点并存的，关键是要正确地看待自己，既不因自己的长处暗自窃喜，也不能因为自己的缺点而独自哀叹。重要的是学会发现自己的优势，以弥补自己的不足。

第三，宣传自我，广交朋友

良好的仪表会给自己带来良好的心情，你的好心情也会感染到别人，使他人快乐，大胆向别人展示自己，让别人了解你。同时，朋友的关心会让你感觉温暖，朋友的夸赞会让你信心大增。有了朋友就好比有了一面镜子，有了朋友就像重新塑造了一个自我。朋友间的交流会在不经意间给你面对生活的灵感，有个自信十足的朋友也会把你带向自信的氛围中。

第四，恒久的远景目标和规划

在心灵深处，对自己的未来发展要形成一个稳定、恒久的远景目标和规划。牢牢地把握这一目标，无论何时何地，只要影响你的消极思想一产生，理性的声音、积极的思想就应立即把它驱逐出去。只有当困难确实存在的时候才能考虑对策，藐视任何一个所谓的障碍，采取切实有效的办法把它们减小到最低限度，或者消灭，千万不要因为畏难心理过高地估计它们。还要正确地估价自己的力量，不要因为敬畏别人而模仿别人，也不要变成一个自我中心主义者，但要保持应有的自尊。

第五，练习正视别人

一个人的眼神可以透露出许多信息，当一个人对你说话而不正视你的时候，你会不自觉地问自己："他想要隐藏什么呢？他怕什么呢？他会对我不利吗？""不正视别人"通常意味着——在你旁边我感到很自卑；我感到不如你；我怕你；我有罪恶感；我做了或想到了什么我不希望你知道的事；我怕一接触你的眼神，你就会看穿我等，而这些都是

一些负面的影响。要正视他人，正视他人等于告诉他：我很自信；我很诚实；我相信我告诉你的话是真的，毫不心虚。要让你的眼睛为你工作，就是要让你的眼神专注别人，这不但能给你信心，也能为你赢得别人的信任。

第六，加快你走路的速度

大多数心理学家都认为一个人如果表现得很懒散、走路的速度缓慢，那么很可能一定程度上与自己心里不愉快的感受有关。当然，心理学家也指出，改变懒散的状态和加快走路的速度，都可以调整自己内心负面的情绪。如果你认真观察就可以体会到，心理活动能够对人身体的动作具有一定的制约作用。那些不得志、郁郁寡欢的人，走起路来都是低头缓慢，呆滞麻木的。从他们走路的模样，我们就能够听到他们内心的"我并不自信"的话语。当然，还有一些人走路的时候挺胸抬头，大步向前，显出了满满的自信。因此，抬头挺胸走快一点，你就会感到"信心"在你的心中滋长。

第七，当众发言

还有一部分人他们非常聪明，而且很有能力，却难以施展他们的才华。这是为什么呢？难道是他们根本就不想发挥自己的长处吗？当然不是，只是因为他们对自己没有信心。一个在会议中默默无语的人总会说："我的意见不好，说出来，别人一定会笑话我，为了不给自己丢脸，还是什么都不说了。更何况，其他人都那么优秀，会显得我很无知。"其实，这些人是想表现自己的，他们经常会对自己说："等下一次再发言。"当然，结果是下一次他们依然没有这样的勇气。久而久之，这些人就会越来越没有自信。

第八，要放声地笑，不要笑而不露

微笑能够使人保持镇定，增加自信心。当然，自信并不是一个抽

象的概念，它要以知识、才能、勤奋为基础，对自己没有信心实际上就是因为有太多的无知。自信的人受人尊敬，无知的人则会遭人嘲讽。微笑不仅可以赶走自己的负面情绪，而且可以立刻化解与他人的矛盾。如果你真诚地向一个人展颜微笑，他实在无法再对你生气。

  以上八条原则和方法，用现代科学术语来说，就是"心理暗示法"。"信心"是一种心理状态，可以用"心理暗示法"诱导出来。对你的潜意识重复地灌输正面和肯定的语气，是提高自信心最快的方式。如果我们用一些正面的、肯定的、自信的语言反复暗示和灌输给我们的潜意识，那么，这些东西就会在我们的潜意识中牢牢扎根，发展为我们的自信心。

布局力

不做自己人生的局外人

第三章

勾画理想,启动生命之航

青春是人生图画中最绚烂的风景。如果说人生是一首诗,那青春时光无疑是最豪壮的篇章。作为青少年的我们应该是充满激情、富有朝气、敢于想象的。正因为这样,青少年更要明白人无志而不立的道理。

理想是成功的灯塔

著名科学家爱因斯坦说过:"每个人都有一定的理想,这种理想决定着他的努力和判断的方向。从这个意义上,我从来不把安逸和快乐看作生活目的本身——这种伦理基础,我叫它猪栏的理想。"假如人生就像是在海中航行,那么理想就是舵手的指南针,使一个人能够在暴风雨中掌握正确的行进方向。理想可以塑造一个人的信念,拥有自己的目标,为你导航,指引你走向成功。因此说,理想是迈向成功的第一步。

美国的一个黑人女孩,由于肤色的关系,她处处受到白人的排斥,受尽了白人的冷眼与嘲笑。她不能在白人的餐馆里用餐;买衣服时甚至被白人拒绝试穿;在学校里,没有一个白人学生愿意与她做朋友,就连白人老师也瞧不起她,更不要说像关心白人学生那样关心她,这些都让她倍感羞辱。

自尊心很强的她立志有一天要在白人面前找回黑人的尊严,因为她知道黑人并不比白人差。有了这个目标与信念后,她以超乎常人的辛苦与努力发奋地学习,暗自在心底里与白人作着斗争,不断地增长自己的知识与才干。普通美国白人只会讲英语,她则除了母语外还精通俄语、法语、西班牙语。26岁的时候,她已经是斯坦福大学最年轻的教授,随后又出任斯坦福大学历史上最年轻的教务长,而与她同龄的美国白人可能连研究生都还没有读完。最终,她终于实现了自己的梦想,走进白宫,成为全球第一强权美国的首位黑人女国务卿,权力之大,受信任之深,丝毫不亚于任何一位知名男性国务卿。她就是广为人知的赖斯。

赖斯10岁时就萌生了得到平等对待的想法。一次,父母带着她到首都华盛顿游览。但是因为肤色,他们只能站在宾州大道的白宫栏栅外,不能进入参观。三人看着那座举世闻名的建筑物,徘徊良久。最后,赖斯平静地对爸爸说:"爸爸,总有一天,我一定会进去的。"从那个时候开始,她就有了为之奋斗一生的目标。25年后,她成功地进去了,担任老布什总统的首席前苏联事务顾问,每天在白宫里工作14小时,经历了德国统一、冷战结束等重要的历史事件。之后,她还担任小布什总统的国家安全顾问。

有付出,就有回报。赖斯不但得到了平等,还赢得了白人的尊重,成为白人心目中的偶像!但这一切的一切都应追溯到最初的理想。如果当初,她没有树立那个伟大的理想,没有为理想付出那么多具体的行动,可能她永远都只能是黑人贫民窟里不知名的一员。

赖斯的成功来源于她的远大理想,是理想在她的心中种下了成功的种子,经过浇灌,理想开始萌芽生长,最终长成浓密的绿荫,而她的名字也将永远镌刻在历史的丰碑上。可以说,是理想引领她步入成功的殿堂!

还有我们熟知的达尔文,小时候,他就对大自然充满了热爱。9岁时,他对父亲说:"大自然存在太多的秘密,让人想不明白。我想世界上肯定还有许多没有被人们发现的奥秘,我长大后要到世界各地游览考察。"随着年龄的增长,他探索自然的欲望越来越强烈,他经常把时间花在打猎、采集矿物和动植物标本上。

进入爱丁堡大学学医后,他仍然经常到野外采集动植物标本。但

这些举动被老师和父亲认为是"游手好闲"、"不务正业"。父亲一怒之下,将他送到了剑桥大学,改学神学,希望他将来成为一个"尊贵的牧师",然而达尔文的志愿并不在此。幸运的是他在剑桥遇到了最具影响力的生物老师,于是达尔文的大部分时间都用在听自然科学讲座和阅读大量的自然科学书籍之上。他依然热心于收集甲虫等动物标本,对神秘的大自然充满了浓厚的兴趣。之后,达尔文不满足于在国内的地区采集,年少的他搭上海军勘察船"贝格尔号"作历时五年的环球旅行,在动植物和地质等方面进行了大量的观察和采集,经过综合探讨,形成了生物进化的概念。他的著作——《物种起源》一书刚出版就震动当时的学术界。达尔文也成了英国著名的博物学家,进化论的先驱。

  做人要有远大的理想,这是人生的真谛,也是走向成功的第一步。因为只有树立了崇高的理想,远大的抱负,你才有可能成就伟大的事业。古今中外名人的成功事例,无不说明了这一点。理想是催人进步的发动机,源源不断地供给人奋斗的力量。可以说,理想一旦确定了,你就成功了一半,这就好像要远航的帆船有了宽大结实的风帆,不管途中风再大浪再高,只要坚持心中不灭的信念,它总会带领你驶向成功的彼岸!有翅膀的鸟儿不一定能飞,但没有翅膀的鸟儿就注定以地面为归宿。理想为成功展开了一双翅膀,让我们可以展翅高飞,尽情翱翔,寻找属于自己的那片蓝天!

美好的理想是人们对未来的一种美好憧憬,对明天的一种良好愿望,是未来前途中支持你的动力。理想不同于幻想,理想一般都基于一定的事实依据,它催人奋进,给人以动力。只要经过奋斗,就有可能实现;而幻想则是一种"不着边界的胡思乱想",它使人脱离生活,脱离实际,浪费时间,自然于事无益。

有愿望,才能成功

只要你有兴趣、有愿望,并勇敢地面对任何学习、任何技艺、任何行业,你就一定能成功。若你怕失败而不敢挺身而出,那你就只能像藏身在壳里的蜗牛。只有抓住机会,你才能勇敢地生活。

在当今世界上,许多人往往不做力所能及的事情,能改正的缺点也不肯改正。他们终日糊里糊涂,对事情视而不见,听而不闻,把时间都消耗在无所事事中。他们对现实生活感到十分满足,不知道世界上还有一些人,正在努力改变着我们的文明和文化。

为什么这些人如此懒惰呢?原因很简单:就是缺乏敢拼敢闯的进取精神。

这些人习惯了周围的安定环境,连思想也变得安稳,但奇怪的是他们见到或听到那些有冒险精神的人,却很喜欢,感到钦佩,并且还叹息道:"为什么我自己不能这样做呢?"没有别的原因,就是因为一个

"怕"字，怕思想，怕行动，怕失败，怕冒险的生活。他们的一生在碌碌无为中度过，恰恰是因为他们缺乏成功的愿望，没有成功的动力。

"勇敢地创造新的生活吧！"这是一句人生的格言。只有能够信奉这句格言的人才能懂得生活的美好和生活的意义。

有志向的人，事业一定能取得成功。每个人心中都有一个远大的理想，只有朝着自己的理想去奋斗，才能取得成功。历史上有许多天才，并不是生来就出类拔萃而都是努力奋斗出来的。

从古到今，每一位事业有成的伟人一般从小就立下远大的志向，靠着滴水穿石的精神，才滴穿一块块"顽石"，最终取得了成功。法布尔就是凭着一种执著的精神，才写成了巨著《昆虫记》；诺贝尔从小就对炸药产生了浓厚的兴趣，经过他不懈的努力，他终于研制出了威力十分强大的炸药；李时珍为了编写药学巨著《本草纲目》，不惜跋山涉水，访名医、尝草药，经过二十几年的努力，他终于编成了这样一部伟大的著作。

只要心中有愿望，只要肯努力，全世界都会给你让路。

生活中，常会听到有人发牢骚说："这个工作，我不适合去做。"这就等于是在说："我懒得做这个工作。"或者是："我实在胆子太小，不敢负这个责任。"或者是："我不敢冒险，我怕失败了会被人们耻笑，从而损害了我的自尊心。"其实，这样的人最可怜、最没用。试问：坐在安乐椅里能学会开飞机吗？坐在游泳池前能学会游泳吗？

立志是踏入事业大门的开始，勤于工作是登堂入室的旅程，这旅程的尽头就是成功在等待着你。因此，立志是事业成功的前提和关键。有多大的志向，就会有多大的成就。没有想不到的，只有做不到。一个人有什么样的志向，就能有什么样的事业。

不要随意评判一个人未来的职业生涯，我们应该了解他的志向是

什么。

先天下之忧而忧，后天下之乐而乐。有志向的人不会仅满足于一块小天地，他们多是精力充沛，在遇到挫折和磨难时，能够顽强地坚持下来，从而得以渡过难关。

有这样志向的人，他一定不会碌碌无为，而会加倍努力、奋斗，做个成功的人。这样的人希望自己的表现与众不同，并具有一定的影响力，能够吸引他人的目光，有较强的取胜愿望，希望走一条属于自己的事业之路。

然而，有很多人犹如井底之蛙，对自己的要求只有井口那么大，只想着有吃有穿，有个工作就好。这样的人，如果能够成功也绝对是偶然。他们每天都觉得自己这样已经够了，很容易自我满足，渐渐地失去了动力和活力，就再也不想走出井底了。所以，他们的努力范围与成就也只有井口那么大，所拥有的，也只有井口的那一片天而已。

排除一切为束缚，开阔你的眼界，勇敢地为人类社会做些有价值的事，努力研究、学习和克服一切艰难困苦，你就会成为一个对人类社会有贡献的人。所以，使你获得成功的第一秘诀就是：勇敢地去学习、去工作、去创造。只有具备成功的愿望，才有可能获得成功。

打造你自己的理想"帝国"

在有关成功人士的传记中，我们都会看到，他们在成功的路上起

步时,心中就有了一个明确的目标。

美国前总统克林顿17岁时,因为学习成绩优异,获得了美国白宫青年奖章,从而有机会到白宫去参见当时的总统肯尼迪。回到家以后,他在一张纸上写道:"我今年17岁,我发誓这一生一定要成为美国总统,为美国的民众服务。"

韩国前总统金泳三,在他的青年时代,就在屋子里挂了一张醒目的旗子,上面写着:"金泳三——未来的总统。"

目标的正确与否是成功的前提。目标正确,就是成功的开端;目标错误,成功就无从谈起。因此,走向成功的第一步,是制定明确的、正确的目标。

也许有人对法国服装大师皮尔·卡丹知之甚少,但是知道皮尔·卡丹帝国的人却很多。

上世纪五六十年代,皮尔·卡丹凭着他超人的才气崛起于服装设计业。他被法国人公认为是一个能够点石成金的传奇人物。

皮尔·卡丹出生于意大利的威尼斯近郊,父母都是意大利人,以种植葡萄为生,第一次世界大战结束后,皮尔·卡丹当时举家迁往法国。当时他只有3岁,他的童年是在格勒诺布尔和工业城市圣艾蒂安度过的。

从小就非常向往时装之都巴黎的皮尔·卡丹,梦想着有朝一日自己可以成为有名的服装设计师,并且他为自己确定了目标,那就是将来要拥有自己的服装公司。第二次世界大战爆发时,他还不到20岁。有一天早晨,他说要去巴黎,得到父母的同意后,第二天,他便带着一只破箱子,踏上了奋斗的道路。

身无分文的皮尔·卡丹到了巴黎后,连栖身的地方都找不到,他四处游荡。走投无路时,偶然看见一家时装店的橱窗上贴着招募学徒的

广告，于是他便走进去应试。由于他曾学过裁缝，所以被顺利地录用了。这家服装店是专门出售男式服装的，和女式服装比起来，男式服装花样少些，但制衣的要求却比女式服装高。在这家时装店，皮尔·卡丹打下了扎实的制衣技术基础。

1945年，皮尔·卡丹转到"帕堪"时装店做设计工作。当时，许多电影明星都在这家时装店订做服装，这也给了他一个得以崭露头角的机会。在他成长的过程中，法国现代派作家让·郭都和画家克里斯蒂昂·贝腊的美学思想对他也产生了极为深刻的影响。

皮尔·卡丹事业的一个重要转折点，出现在1950年，他在利什旁斯街租了一间房子，首次展出了他设计的戏剧服装和面具。虽然展出地点有点简陋，却产生了一定的影响。这次小小的成功给了他信心，他又向自己的目标迈近了一步。

皮尔·卡丹于1953年第一次推出了自己的女装设计，并一举成名。1954年，他自己的时装店正式开业，地点在圣君子旧郊大街。

他具有独特的商业眼光，加之他的锐意进取精神，不久就打开了时装业的新天地。他的服装设计敢于突破传统，富于时代感、青春感，他在厚呢料大衣上打皱折；用透明面料做胸前打折的上衣；给新娘穿上超短裙；让模特穿上带网花的长统袜；还设计出"超短型"的大衣、气泡裙；用针织面料为男士做西服，一时轰动了巴黎。

法国的时装业是一个限制严格、顾客有限的特殊行业。当时的时装店只能为小姐、贵妇人们量体裁制服装，大众却只能看，买不起。皮尔·卡丹意识到，高级时装只有在群众中开辟市场，才能找到真正的出路。

1953年，皮尔·卡丹改变了时装经营的方式，把量体裁衣、个别定做改为小批量生产成衣，并不断地更新款式。事实证明，他的做法是非

常正确的,这给他的服装业带来了无限的生命力。小批量投放市场的时装,既不流于俗套,又能产生较大的社会影响,无异于是给自己的设计做广告。而喜欢他作品的女子都有可能穿上他设计的服装,这又打破了服装的阶层局限,可以说是服装业的一次新革命。

随着经营范围的扩大,不仅男装、童装、手套、围巾、鞋帽、皮包,而且连手表、眼镜、打火机和化妆品都成了他畅销的产品。并且,他将自己的企业不断地向国外扩张,首先在欧洲、美洲和日本得到了许可证,打开了市场。1968年,他又增加了家具设计,渐渐形成了"皮尔·卡丹"商标的系列产品。

三十年来,以时装起家的"卡丹帝国"始终是法国时装界的先锋。1983年,他在巴黎举行了一次名为"活的雕塑"的表演,展示了他30年设计的妇女时装,虽然岁月已流逝了二三十年,可他设计的这些时装依然显得极有生命力,并没有让观众有失落的感觉。

在奠定了时装及配饰业的基础以后,皮尔·卡丹又向其他的行业进军。1981年,他以150万美元的价格从一个英国人手里买下了马克西姆餐厅,这一惊人之举在巴黎引起了不小的震动。这家坐落在巴黎协和广场旁边,有着90年历史的餐厅当时已濒于破产,前景十分黯淡,不少人对卡丹之举不理解,有人甚至怀疑这位时装界的奇才是否真有魔法使这家餐馆重放异彩。可是,三年以后,马克西姆餐厅竟奇迹般地复生了。不但恢复了昔日的光彩,而且把它的影响扩大到了整个世界。马克西姆的分店不仅在纽约、东京落了户,同时在布鲁塞尔、新加坡、伦敦、里约热内卢和北京等地安了家,所经营的以马克西姆为商标的各种食品也成为世界各地家庭餐桌上的美味佳肴。

皮尔·卡丹的事业不断发展,后来,他在法国有17家企业,全世界110多个国家的540个厂家持有他颁发的生产许可证。他在全世界约有

840个代理商，18万职工在生产"卡丹牌"或"马克西姆牌"产品，每年的营业额高达100亿法郎，皮尔·卡丹成为了法国十大富翁之一，他终于达成了自己的目标，拥有了自己的皮尔·卡丹帝国。

理想是心灵浓雾中的海岸

青少年只有确立了目标，内心的力量才会找到方向。漫无目的地漂荡终归会迷失方向，而你心中那一座无价的金矿，也因得不到开采而变得与尘土无异。

很多青少年都希望命运之风把他们的人生之舟带进富裕又神秘的港湾。他们盼望在遥远未来的"某一天"退休，在"某地"一个美丽的小岛上过着无忧无虑的生活。倘若问他们将如何达到这个目标，他们会回答说：一定会有"某种"办法的。毋庸置疑，他们中的绝大多数人都无法实现他们的梦想，原因就在于：他们没有真正定下目标。

一个人没有目标，就不可能采取任何行动，也不可能做好任何事情，更不可能成功。正如空气对于生命一样，目标对于成功也是绝对必要的。

1952年7月4日的清晨，一片厚厚的浓雾笼罩着美国的加利福尼亚海岸。在海岸西面21英里远的卡塔林纳岛上，一位34岁的妇女跃入太平洋，开始向加利福尼亚海岸游去。如果成功了，她将是第一位游过这个海峡的妇女，她的名字叫费罗伦丝·查德威克。在此之前，她是游过英

吉利海峡的第一位妇女。

冰凉的海水冻得费罗伦丝身体发麻。雾很大,她连护送自己的船都几乎看不到。时间一分一秒地过去了,千千万万关心她的观众在电视上看着她的情况。有几次,鲨鱼靠近了她,被护送她的人开枪吓跑了,而她仍然在坚持游着。在以往这类渡海游泳中,她的最大问题不是疲劳,而是过低的水温。

漫长的15个小时过去了,又冷又累的她知道自己不能再游了,就叫人拉她上船。她的母亲和教练在另一条船上。他们都告诉她海岸已经很近了,让她不要放弃。但她朝加利福尼亚海岸望去,除了浓雾什么也看不到。

又过了55分钟之后,人们把她拉上了船。又过了几个小时,她渐渐觉得暖和多了,这时才开始感到失败的打击,她不假思索地对记者说:"说实在的,我不是为自己找借口,如果当时我看见陆地,也许我能坚持下来。"

当得知人们拉她上船的地点离加利福尼亚海岸只有半英里的时候,费罗伦丝懊悔地说:令我半途而废的不是疲劳,也不是寒冷,而是因为我在浓雾中看不到目标。

在费罗伦丝的游渡生涯中只有这一次没有坚持到底。两个月之后,她终于成功地游过了卡塔林纳海峡。她不但是第一位游过这个海峡的女性,而且比男子的纪录还缩短了约两个小时。

虽然费罗伦丝·查德威克是个游泳好手,但也只有在看到目标时才能鼓足勇气来完成她有能力完成的任务。当你规划自己的成功时,千万记得制定好明确的目标。

在为自己制定目标时,青少年要知道哪些是好目标,哪些是坏目标,这是因为有的目标是你根据热情制定的,而有些目标是根据你的能

力制定的。

制定目标时，头脑不要冲动，因靠热情制定出来的目标往往无法实现，因为这些目标往往都超越了自己的能力界限。如果设定的目标过高，不仅会提高失败的几率，而且会令你丧失信心，形成消极心态，最终会导致半途而废，或使你变得毫无斗志。

如果制定的目标很低，也是毫无意义的。

因此，要制定出切实可行的目标，这样，在你付出最大的努力后，你的能力发挥到极限时，方可实现目标。一旦好的目标确定以后，无论遇到多大困难你都要去努力实现它。

一个年轻人的才能受到了美国汽车工业巨头福特的特别欣赏，他想帮助这个年轻人实现自己的目标。可这个年轻人的目标却把福特吓了一跳，他告诉福特，他一生最大的目标就是赚到100亿美元，超过福特现有财产的10倍。

福特问他："你要那么多钱做什么？"

年轻人想了一会儿，说："老实讲，我也不知道，但我觉得只有那样才算是成功。"

福特提醒他说："一个人如果拥有那么多钱，将会威胁整个世界，我看你还是先别考虑这件事吧。"

后来长达五年的时间里，这个年青人多次求见，福特都拒绝了他。直到有一天年轻人告诉福特，他想创办一所大学，他已经有了10万，还缺少10万。福特这时才开始帮助他，他们再没有提过那100亿美元的事情。

年轻人经过八年的努力，终于取得了成功，他就是著名的伊利诺斯大学的创始人本·伊利诺斯。

本·伊利诺斯的两个不同的目标让我们清醒地意识到，过高的目标没有实现的可能，它只是一种幻想，没有任何价值，只有靠努力奋斗能够达到的目标，才可谓是好目标。

给自己一个准确定位

人生路上要经历许多次失败，如果能给自己正确定位，就要找到最适合自己的力量。聪明的人不会没有方向地瞎碰乱撞，让自己的力量白白浪费。他们懂得寻找适合自己的方向，找准适合自己的位置，这样才最有可能取胜。

短暂的人生旅途中及时给自己定位，你才能发现自己的天赋和特长，对自己在这一方面的发展要有信心，以此来确定自己的最佳位置。

世界著名画家达·芬奇在学画时，被要求完成老师没有完成的作品。达·芬奇觉得自己的水平不够，因为老师是当时著名的画家，自己的手法怎么能和老师的相比呢？但是，在老师的鼓励下，他终于画了起来。出人意料的是，达·芬奇的画技竟与老师难分伯仲，老师高兴地表扬了他。达·芬奇受到了莫大的鼓舞，后来终于成为一位名画家。生活中有些人因不敢相信自己具有实力，而失去了很多成功的机会。

要找准自己的最佳位置，很多时候要靠自我发现。因为自己最了解自己，就像鞋子合不合脚，只有自己才知道。一位经常跳槽、最后一无所成的博士生这样感叹道：如果能以对待孩子的耐心来对待工作，以对待婚姻的慎重来选择去留，也许事业会是另外一番样子。事实上也正是如此，我们不是全能奇才，世界上也根本没有这样的奇才，我们最多只能在一两个方面取得成功。所以，一个人只有聚集全身的能量，朝着最适合自己的方向努力，才能在这个物竞天择的社会成就一番大事业。

著名漫画家朱德庸25岁时就已经红透了台湾。《双响炮》、《涩女郎》、《酷溜族》等作品在台湾地区深受喜爱；在内地，他的漫画也非常畅销。可小时候的他却被认为是一个问题孩子，他认为自己非常笨，10岁以后，他发现自己对文字反应迟钝，但对图形很敏感。于是，他在学校里画画，回到家里也画，书和作业本上的空白地方都画得满满的。他在学校里受了哪个老师的批评，一回到家就画那位老师，狠狠地画，让他"死"得非常惨。后来媒体发现了他，为他开设了漫画专栏。因为找准了自己的最佳位置，他后来成为一位优秀的漫画家。

把一些能开花结果的枝条剪去，这是一个老园丁习惯的做法，目的是使小树更快地茁壮成长，让将来的果实结得更加饱满。一些有经验的花匠也习惯把许多快要绽开的花蕾剪去。剪去大部分花蕾后，可以使花木所有的养分都集中在其余的少数花蕾上，而这些花蕾就可以成为那种精神饱满的奇葩。

做人如同做花匠，在人生的旅程中找准发展的重点，将分散精力的琐事统统甩掉，只有这样才能集中用力，才能实现自己的人生目标。

著名军事统帅拿破仑曾经说过："不想当将军的士兵不是好士兵。"如果你想成为真正的将军，就一定要摒弃那些杂乱无章的念头，就要大胆地举起剪刀，把所有平凡无奇、毫无把握的愿望完全

剪去。

聪明的人，会把全部精力集中在一件事上，因为唯有如此才能实现目标；聪明的人也善于依靠不屈不挠的意志、百折不回的决心以及持之以恒的精神，努力在激烈的生存竞争中去谋得一席之地。年轻人只有发现自己的特长，找准自己的位置，拥有坚定的信念，经过不懈的努力，才能达到成功的彼岸。

有的人一生碌碌无为，是因为他们总是在漫无目的地生活，不知道自己适合哪种工作，不知道自己想要做什么、成为什么人，更不知道自己该朝哪一个方向发展。其实只要我们做了自己觉得有价值、感兴趣的事情，找准了自身的最佳位置，就会感受到生命的真正意义。

野心是奇迹的萌发点

"野心"具有强大的推动力，人类如果拥有"野心"，就有力量攫取更多的资源。

野心可以成就的事业，是我们行动的原动力。如果没有野心，即使心系成功的人也会流于平庸。其实，野心就是雄心，就是目标，就是方向。

黑人领袖马丁·路德·金曾说过这样一句名言："世界上的每一件事都是那些揣着野心的人们做成的。"工作中如果我们的野心愈大，欲望也就愈强烈，谋取目标就愈有可能。正如弓拉得愈满，箭就飞得愈远一样。

美国有名的汽车大王亨利·福特，在12岁那年，随着父亲驾着马车到城里，偶然间见到一部以蒸汽机做动力的车子，他觉得十分新奇，并在心中想：既然可以用蒸汽做动力，那么汽油应该也可以，我要试试！

在当时看来，这是个遥不可及的野心，但是从那时候起，他便为自己立下了十年内完成以汽油做动力车子的誓言。

福特的野心越来越大，他告诉父亲："我不想留在农场里当一辈子农民，我要当发明家。"

离开家乡后，福特到了工业大城市底特律，当了一名最基本的机械学徒，逐渐对机械有了更深的认识，他一直没有忘记他的野心，每天劳累地从工厂下班后，仍孜孜不倦地从事他的研发工作。

在他29岁那年，福特终于成功了。在试车大会上，有记者来问："你成功的秘诀是什么？"

福特想了一下回答说："因为我有野心，所以才成功。"

同样，美国人约翰·富勒也是这样一位具有野心的人，富勒家中有七个兄弟姐妹，他从5岁开始工作，9岁时会赶骡子。他有位了不起的母亲，她经常和儿子谈到："穷，但不能怨天尤人，那是因为你爸爸从未有过改变贫穷的愿望，家中每一个人都胸无大志。"

母亲的话植根于富勒之心，他一心想跻身于富人之列，开始努力追求财富，12年以后，富勒接手了一家被拍卖的公司，并且还陆续收购了7家公司。

当他谈及成功的秘诀，还是用多年前母亲的话回答："我们很穷，但不能怨天尤人，那是因为爸爸从未有过改变贫穷的欲望，家中每一个人都胸无大志。"

富勒在多次受邀请演讲中说道："虽然我不能成为富人的后代，

但我可以成为富人的祖先。"

暂时没有成功，没有地位、财富，无关紧要，只要你有野心，有把野心转化实践的智慧和毅力，你的成功就指日可待。

生活中的一些人，拥有良好的"装备"，具备一切最理想的条件，而且似乎正在整装待发，然而，他们行动的脚步却迟迟没有挪动，他们并没有抓住最好的时机。造成这一现象的原因就在于，他们身上没有前进的动力，没有远大的抱负。把实力和结局相比较，这些人最不争气，为什么这么说？因为他们占尽了天时地利，却一无所成，这实在让人觉得可惜。

雄心抱负往往在我们很小的时候就初露锋芒。如果我们不注意仔细倾听它的声音，如果它在我们身上潜伏很多年之后一直没有得到任何鼓励，那么，它就会逐渐地停止萌动。原因很简单，就跟许多其他没被使用的品质或功能一样，当它们被弃置不用时，它们也就不可避免地退化或消失了。

只有那些被经常使用的东西，才能长久地焕发生命力。一旦我们停止使用我们的肌肉、大脑或某种能力，退化就自然而然地发生了，而我们原先所具有的能量也就在不知不觉中离开了我们。

如果我们没有去注意倾听来自心灵深处的"努力向上"的呼声，如果你不给自己的抱负时时鞭策加油，如果你不通过精力充沛的实践有效地对其进行强化，那么，它很快就会萎缩老化。

得不到及时支持和强化的抱负就像是一个拖延的决议。随着愿望和激情一次次地被否定，它要求被认同的呼声越来越微弱，最终的结果就是理想和抱负的彻底消亡。

拥有强人的抱负而久久不去行动，导致理想破灭的人不在少数。尽管他们的外表看来与常人无异，但实际上曾经一度在他们的心灵深处

燃烧的热情之火现在已经熄灭了，取而代之的是无边无际的黑暗。他们在这块大地上行走，却仿佛只是没有灵魂的行尸走肉，他们的生活也就变得毫无意义。不管是对他们自己还是对这个世界，他们的存在都变得毫无价值。

世界上存在着许多可怜卑微的人，毫无疑问，那些抱负消亡的人属于其中的一员——他们一再地否定和压制内心深处要求前进和奋发的呐喊，由于缺乏足够的燃料，他们身上的理想之火已经熄灭了。

一个人无论他现在的处境是多么恶劣，或者先天的条件有多么糟糕，只要他保持了高昂的斗志，热情之火会熊熊燃烧，那么他就是大有希望的；如果他颓废消极，心如死灰，那么，他人生的锋芒和锐气也就消失殆尽了。

如何保持对生活的激情，远离漫无目的的生活，坚定明确的奋斗目标，永远让炽热的火焰燃烧，这是生活对我们最大的挑战。

立志高远、悦纳成功

人生应从立志开始，它不仅把自己与过去区别开来，也把自己与他人区别开来，具体来说，是把自己与平庸区别开来。所以，从这一刻起你就要立志成才，主宰自己的命运，成为一个有胸怀、有情怀、有品位、有志向的人。

"你将来打算干什么？"这是生活中出现频率最高的问题之一，

尤其是对朝气蓬勃的青少年来说。的确如此，对于每一个人，理想和未来既是一个让人伤脑筋又是一个十分关键的话题。罗曼·罗兰曾说过："没有志向的青年，就像断线的风筝，只会在空中东摇西晃，最后必然丧失前程。"人只有有了志向，生活才会有芳香，人生的价值、意义和境界，才能在对志向的追求过程中得到更好的体现。所以，要敢于把自己的人生目标定位到成才的目标之上并为之不断地努力。只有这样，自己的生活才会更加丰富而充实；只有这样，才能更加完善自己的人生。

我们常把"人无志不立"，"志不立，天下无可成之事"之类的话语当做自己的座右铭，这里所说的"志"，其实就是人们心中那个确定目标，以及要为之奋斗的决心与坚持。立志就是让一个人从大地上站立起来，从懵懵懂懂中清醒过来，从浑浑噩噩中醒悟过来，从艰苦之中卓然挺立起来。立志是一种自我警醒，是成就自我最关键，也是最基本的一步。

其实，每个人在心里定义的人生成功都是不一样的。但无论这个定义有多大差异，有一点是始终不会改变的，那就是在相同条件下，不管选择了怎样的人生道路，事先有没有目标其结果是大不一样的。有些人的生活完全没有目标，有些人只计划眼前几天的日子，但现实的生活总会神奇地将它与那些有明确目标并且能持之以恒的人区别开来。所以，一个人在成长的过程中，首先须要立志。

人贵有志，人的一生绝不能随波逐流，这样的生活方式对自身没有任何好处，死后也会默默无闻，不能为世人留下些什么。正因为如此，就要在年轻之时给自己定下志向，时刻保持激情去追求那些令别人可望而不可及的东西，努力去做旁人不敢做也无法做到的事情。只有拥有这种可贵的自强自立精神才能报效国家，光耀门楣。

一个人即使是出身贫寒，得不到温饱，但只要有远大的志向、崇

高的抱负，也能奋然前行，干出一番惊天动地的事业。相反，如果没有远大的志向，就不可能成就大业。英国杰出的物理学家法拉第就是一个很好的例子，他发现了电磁感应的基本定律，从而奠定了现代电工学的基础。此外，还有磁致光效应等多项重大发现。然而，这位被大思想家恩格斯称作是"到现在为止最伟大的电学家"，却连小学都没有读过。当同龄的伙伴都坐在教室时，他却一边卖报、一边认字。后来，他又自学了电学、力学和化学知识。他立志要在科学领域作出一番成绩，于是就给赫赫有名的戴维教授写信表示："极愿逃出商界而入科学界，因为据我想象，科学能使人高尚而可亲。"而当时的法拉第仅仅是一个装订图书的学徒工。试想一下，如果他没有远大的志向，成为世界瞩目的科学家岂不是无稽之谈？

志向是人生成功的关键因素之一，但不要忘记在立志与成功之间，还需要坚持不懈、努力奋斗。如果做语言的巨人，行动的矮子，那么再宏伟的志向也只能是海市蜃楼。唐代的高僧鉴真东渡日本弘扬佛法，历尽磨难，前五次均告失败，但他并没有放弃，屡败屡起，直到第六次，终于到了日本，把唐朝的文化带到日本，他本人也成了日本佛学中律宗的创始人。所以，在为自己立下志向之后，一定要坚定信念，将理想化为现实。

一个人将来能否有所作为，取决于他青年时期有无志气。志气的来源并不是他少年时是否有成就大事业的气质，而在于他有没有成就大事业的方向和一颗相信自己、永不退缩的决心。所以说，尽早地确定一个属于自己的志向，是获得成功的最有效方法。

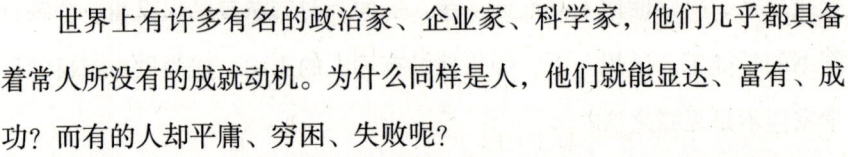

欲望是梦想的发动机

世界上有许多有名的政治家、企业家、科学家，他们几乎都具备着常人所没有的成就动机。为什么同样是人，他们就能显达、富有、成功？而有的人却平庸、穷困、失败呢？

有关研究表明，人与人的天赋确实存在着差异，但这种差异却很小。所以，一个人的成就不能完全归功于天赋。有的人会说，环境不同也会影响到人的发展。不容否认，环境对人的发展具有影响作用，但同一所学校、同一个老师教出的学生，若干年后的命运会却截然不同。也许有人抱怨自己没有那么好的机遇，其实机遇对于每个人来说都是平等的。

那么，人与人的差异究竟是什么？曾有一位金牌推销员说过，100%的成功来自于100%的意愿。如果一个人"不是一定要"的时候，连小石头都会挡住他的去路，但是"一定要"的人，无论多大的障碍也都挡不住他想要的结果。

成功者总是有一种强烈的成功欲望，他们敢于要那些平常人们看来不可能获得的东西。平庸的人之所以平庸，就是他们对自己的要求太低，所以到头来只有羡慕别人的份儿。

"成功不敢想，失败不去想"是很多人目前所处的状态，他们没

有压力，更没有动力，整天都是浑浑噩噩，玩世不恭，更没有什么求知的欲望。要知道迈向成功的第一步就需要想，需要欲望，需要有一个"我一定要实现梦想"的宏愿。

现实生活中，常有一些对未来抱着侥幸心理的人。这些人通常只会想着哪一天我也会买彩票中500万，哪一天我也会碰上发财运。这只是一种幻想，要知道，天上是不会掉下馅饼的。这种人注定只能永远活在成功者的阴影里，永远期待着客观条件的改变。"10岁神童，15岁才子，过2年就只是一个平凡之人了。"你就是再聪明，一旦没了上进心，没了追求梦想的欲望，只能是个平凡人，即使你曾获得过神童的美誉。但如果始终保持着进取之心，你就会主动地抓住机遇，不断完善自我，从而每天都是一种进步。

要想取得成功，你就必须要有强烈的成功欲望，就像一个溺水的人有强烈的求生欲望一样。有史以来那些名人事迹，无不印证了一个道理，一个人想要在社会上名望有多高，银行有多少存款，有多少科研成果，主要依赖于这个人对这些目标的求胜欲有多高。在决定一个人成功的因素中，其自身的智力、精力、人脉关系、财富多少都是其次的，关键在于你是"想要"还是"一定要"。如果你"一定要"做到什么，并甘愿为之不分昼夜地拼搏，为之奋斗，甘愿为之寝食不安；如果没有了它生活会变得暗淡无味；如果这种欲望令你发狂，精力充沛；如果你甘愿为它挥汗如雨，不畏惧任何人，那么你就要发挥全部的精力，用尽全部的力量和才干，保持内心的那份执著，那份信念，那么你也就一定能成就自己，实现自己的人生梦想！

梦想、希望，是人生永不熄灭的火炬。新一代的青少年，想要手握这支不灭火炬，就要为学业树立一个前进的目标，将这一目标带入渴求成功的欲望里，奋勇直前。我们常听到有人说"我们一定要成功"，

"我一定要考一流大学","我一定要被学校保送某某大学"。"我一定"才是硬道理,才是实现梦想的动力!

没有梦想的人,他常会无奈地感叹,"噢,我不行","我没有机会","我的工作能力不行"……其实,这些评价和断言都是我们自己附加于己的,都是缺乏信心的表现。一个人如果对自身的能力缺乏自信,就无法使自己获得真正的成功,更不能得到真正的幸福。因为自信往往是获得成功的关键。

凡是自信的人,都拥有较大的梦想,梦想是人类的特权和天性,成功者会展开梦想的翅膀,飞向精彩的未来,追求人生的成功。生活中,人们对梦想总是持一种鄙夷的、不屑的态度,但实际上每个人,从童年到老年,谁也无法摆脱梦想的纠缠。我们每个人都曾经如同雄鹰一般,拥有过翱翔天际、悠然自在的壮阔梦想。

充满梦想,你的语言就会变成现实。

许多梦想在实现之前,常被遭到质疑。在飞机发明之前,科学家认为飞行是不可能的;在麻醉药发明之前,医生们坚信无痛手术是不可能的;在原子弹发明之前,科学家相信原子是不可分裂的,原子弹的构想根本是无稽之谈;蒸汽机发明之前,拿破仑就曾无情地数落富尔顿:"有没有搞错?先生,你要在甲板下生起一团火,让船能够乘风破浪地航行?对不起,我可没时间听你胡扯!"最后,富尔顿不但达到了目标,也因此发明了蒸汽机轮船。这些人不仅相信自己,相信科学,他们心里对未知世界更充满了梦想,并且他们经过努力实现了梦想。

一个人要想有一番大成就,心中一定要有梦。远而高的梦想会增加你的信心,让你变得更坚强。站得高,才能看得远。带上梦想的翅膀,展翅飞翔吧!

第四章

释放热情,冲击人生目标

无论是谁,心中都会有一些热忱,而那些渴望成功的人们的内心世界更像火焰一样熊熊燃烧,这种热忱实际上是一种可贵的能量。热情,是一种无法抗拒的力量。每一个深陷困境、备受折磨的人都不能没有它。即使两个人具有完全相同的才能,必定是更具热情的那个人会取得更大的成就。

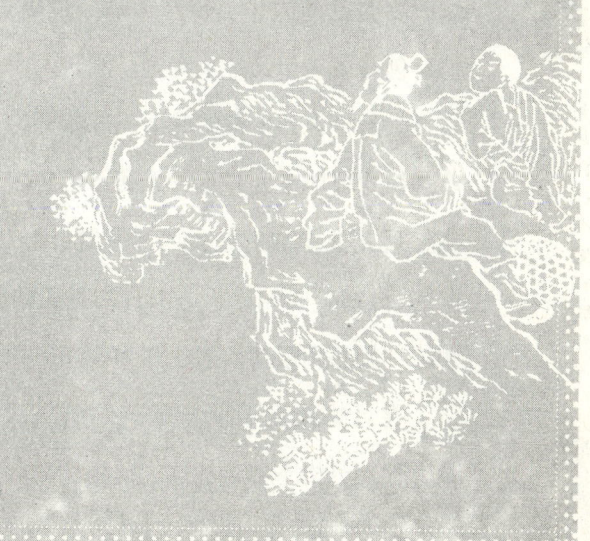

人生热情缔造奇迹

热情是一种难能可贵的品质。正如拿破仑·希尔所说："要想获得这个世界上最大的奖赏，你必须像最伟大的开拓者一样，将所拥有的梦想转化为为实现梦想而献身的热情，以此来发展和展示自己的才能。"

许多巨变和奇迹，不论是社会、经济、哲学或是艺术，都因为参与者100%的热情才得以进行。拿破仑发动一场战役只需要两周的准备时间，换成别人则需要一年。之所以会有这么大的差别，正是因为他对在战场取胜拥有无比的热情。

伟大人物对使命的热情可以谱写历史，普通人对工作的热情则可以改变自己的人生。棒球运动员贝格正是凭借着自己对工作的高度热情，创造了一个又一个奇迹。刚转入职业棒球界不久，他便遭到有生以来最大的打击，他被约翰斯顿球队开除了。由于他的动作无力，球队的经理执意要他走人。贝格无路可走，因此去了宾州的一个叫切斯特的球队，从此他参加的是大西洋联赛，一个级别很低的球赛。和约翰斯顿队每月175美元相比，每个月25美元的薪水更让他无法找到激情。但他想："我必须激情四射，因为我要生存。"

在贝格来到切斯特球队的第三天，他认识了一个叫丹尼的老球员，他劝贝格不要参加这么低级别的联赛。贝格很颓废地说："在我还没有找到更好的工作之前，我什么都愿意做。"一个星期后，在丹尼的推荐下，贝格成功加入了康州的纽黑文球队。这个球队没有人认识他，更没有人责备他。在那一刻，他在心底暗暗发誓，我要成为整个球队最具活力，最有激情的球员。每天，贝格就像一个不知疲倦和劳累的铁人奔跑在球场，球技也提高得很快，尤其是投球，不但迅速而且非常有力，有时甚至震落接球队友的护手套。

在一次联赛中，贝格的球队遭遇实力强劲的对手，但他并没有因此退却。在快要结束比赛的最后几分钟里，由于对手接球失误，贝格抓住这个千载难逢的机会迅速攻向对方主垒，从而赢得了决定胜负的至关重要的一分。从此，贝格每月的薪水涨到了185美元，和在切斯特球队每月25美元相比，他的薪水在十天的时间里猛增了700%。

拿出100%的热情来对待1%的事情，而不去在乎它是多么的"微不足道"，你就会发现，原来每天平淡的生活竟是如此充实、美好。

对于我们来说，热情就如同生命。凭借热情，我们可以释放出潜在的巨大能量，发展出一种坚强的个性；凭借热情，我们可以把枯燥乏味的工作变得生动有趣，使自己充满活力，培养自己对事业的狂热追求；凭借热情，我们可以感染周围的同事，让他们理解你、支持你，拥有良好的人际关系；凭借热情，我们更可以得到老板的提拔和重用，赢得宝贵的成长和发展的机会。

对准备在事业上有所作为的年轻人来说，能力、忠诚、敬业、态度都是不可缺少的，但是更不可或缺的是热情——将奋斗、拼搏看作是人生的乐趣和荣耀。热情是真诚的精髓，它不仅能激励自己，更能感染他人。你只要略微关注一下，就会发现在世界历史中，每一个伟大而高贵的胜利都是某种热情的结果。对于成功者来说，尤其如此。

当你被欲望控制时，你是渺小的；当你被热情激发时，你是伟大的。

著名音乐家亨德尔年幼时,家人不准他去碰乐器,不让他去上学,哪怕是学习一个音符。但是这一切都不能阻挡他的热情,他每天都在半夜里悄悄地跑到秘密的阁楼里去弹钢琴。莫扎特年少时,每天要做大量的苦工,但是到了晚上他就偷偷地去教堂倾听风琴演奏,将他的全部身心都融入音乐之中。

"没有热情,不可能赢得任何一场竞争。"富兰克林说热情是一种伟大的力量,它可以补充你的精力,并发展出一种坚强的个性,它能给你以信心和动力,带领你迈向成功。

有个破产的生意人,他心灰意冷,把剩下的钱在郊区给自己买了块墓地,一心等死。谁知他刚买下墓地没多久,政府计划修路,而他的墓地正好处于道路的十字路口。这一带的地价暴涨,商人通过卖墓地,居然发了一笔财。"我买墓地都能发财,看来我注定是要做大事的"——这样一想商人充满了希望,热情被激发出来了,开始用卖墓地的钱投资房地产,短短几年的时间里,他就成为了知名的房地产商。

"没有了热情,你能打动谁?世界上最糟糕的破产就是一个人丧失了热情。"阿诺德说:没人愿意整天和一个无精打采若无其事的人打交道,也没有哪一个领导愿意提升一个少言寡语的下属。热情是战胜所有困难的强大力量,它使你保持清醒,使全身所有的神经都处于兴奋状态,去进行你内心期望的事。高度的热情是成功的秘诀,爱迪生连结婚时都想着自己的发明创造,怎么会不成功呢?

因此,要想获得成功,无论你的才能、知识多么卓著,如果缺乏热情,成功只能是水中花,镜中月。当你做好成功的准备的时候,你不妨问问自己,自己有足够的热情去获取成功的喜悦吗?

"如果你拥有热情,那几乎就所向无敌了。"这是拿破仑亲身经

历所得出的结论。有人用补品来维持精力，却一天到晚都无精打采。只有热情才能使人神采奕奕，精力过人。充满热情和活力，别人就会被你吸引，因为人们总是喜欢跟积极乐观的人在一起。而没有热情，无论你拥有什么能力，都发挥不出来。要想获得最大的成功，你必须拥有最大的热情，来开拓发挥自己的才能。

热情就像油灯的火焰一样，只要给它加油，它便能一直燃烧下去。热情来自远大的目标和对工作的乐趣。培养热情最好的方法就是，心存"热情"之念，热爱生活，热爱工作，用行动表现热情。凡事不做则已，做就必定竭尽全力，以最大的热情行动到底。

热情是世界上最有价值的感情，也是最有感染力的情绪。热情增加一点点，人生就大不一样。充满热情，会点燃你胸中的热火，没有任何东西能阻止你成功的脚步。你的生活也会因为热情而多姿多彩！

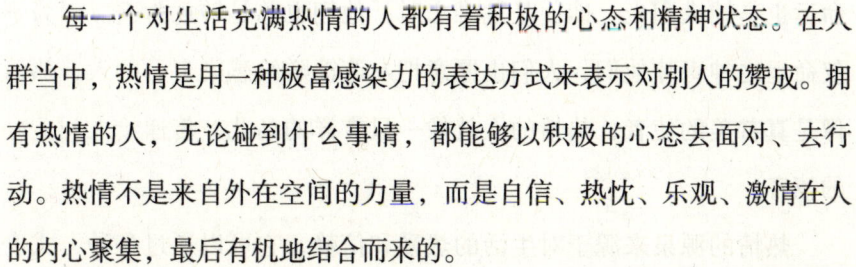

用热忱点燃生命的激情

每一个对生活充满热情的人都有着积极的心态和精神状态。在人群当中，热情是用一种极富感染力的表达方式来表示对别人的赞成。拥有热情的人，无论碰到什么事情，都能够以积极的心态去面对、去行动。热情不是来自外在空间的力量，而是自信、热忱、乐观、激情在人的内心聚集，最后有机地结合而来的。

世界首位女性打击乐独奏家伊芙琳·格兰妮说："从一开始我就

决定：一定不要让其他人的观点阻挡我成为一名音乐家的热情。"

她在苏格兰东北部的一个农场长大，从8岁起她就开始学习钢琴。随着年龄的增长，她对音乐的热情扶摇直上。但不幸的是，她的听力却在逐渐地下降，医生们断定是由于难以康复的神经损伤造成的，而且断定到12岁，她将彻底耳聋。即使如此，她对音乐的热爱却从未停止过。

她想要成为一名打击乐独奏家，虽然当时并没有这么一类音乐家。为了演奏，她学会了用与众不同的方法"聆听"其他人演奏的音乐。她只穿着长袜演奏，这样她就能通过她的身体和想象感觉到每个音符的震动，她几乎用她所有的感官来感受着她的整个声音世界。

她立志要成为一名音乐家，而不是一名耳聋的音乐家，于是她向伦敦著名的皇家音乐学院提出了申请。因为以前从来没有一个聋学生提出过申请，所以一些老师反对接收她入学。但是她的演奏折服了所有的老师，因此她成功地入了学，并在毕业时荣获了学院的最高荣誉奖。此后，她的目标就致力于成为第一位专职的打击乐独奏家，并且为打击乐独奏谱写和改编了很多乐章，因为那时几乎没有专为打击乐而谱写的乐谱。而如今，她作为独奏家已经有十几年的时间了，不过，她仍然没有放弃，因为她很早就下了决心，不会仅仅由于医生诊断她完全变聋而放弃追求，因为医生的诊断并不代表着她的热情和信心不会有结果。

热情的人总迎着朝阳前进。因而，他们不仅性格光辉灿烂，而且命运也是铺满阳光，即使是危难之时，他们也总是转危为安。因为不仅命运之神青睐他们，人们也愿意把友谊馈赠给感染自己的人，热情像是真善美的使者，热情的人就像一只吉祥的鸟儿，传递给人间美好的福音。

热情的源泉来源于对生活的热爱和信赖，它可以通过各种方式表现出来。只要我们用积极和宽容的态度对待生活，由衷地欣赏、热爱并

赞美我们所见到的每一个人和每一件事，我们周围的人就能体会到我们的热情。

热情会把魅力的光环戴在成功者的头上，热情是人一生中宝贵的财富。只要将热情时刻藏驻于心，你改变现状的日子就不会长久。

人的一生中会遭遇各种各样的困难和挫折，但逃避解决不了问题，唯有以乐观、热忱的精神去迎接生活的挑战。

戴尔·卡耐基便是生活的强者，他不仅克服了生活中的种种障碍，而且在自己的演讲生涯中创造了非凡的业绩。他的生活中始终充满着乐观的情绪，每一次失败不仅没有将他击倒，反而增强了他与困难作斗争的信心与勇气，力量和经验。他乐观热忱的精神也感染着他周围的人，包括他的朋友、同学和学生，甚至只见过他一面的人，也会为他的精神所鼓舞。

戴尔·卡耐基在课堂上比较喜欢引用纽约中央铁路公司前总经理的人生名言："我愈老便愈确认热忱是胜利的秘诀。成功的人和失败的人在技术、能力和智慧上的差别并不会很大，但如果两个人各方面都差不多，拥有热忱的人将会拥有更多如愿以偿的机会。一个人能力不够，但是如果具有热忱，往往一定会胜过能力比自己强却缺乏热忱的人。"卡耐基觉得这句话与自己所持的观点不谋而合，他在总结前人经验的基础上，把热忱注入了学员的灵魂中。

生活与工作都需要我们去倾注热情，就像人类需要阳光一样，伸出我们的双手，去创造一个新的天地。热情是一种执著，更是一种乐观，一个拥有热情的人，便有了原动力。

让人生热情沸腾起来

热情是人生必不可少的"生命力",一旦没有了热情,人生之树便枯萎了。热情是人类天然真情和率直感情发展到足够强烈程度的自然表现,是人类对自身及周围各类事物的真情关注,以及受外来影响而激发出的强烈真情。

热情是燃烧起成功希望的希望之火,它可以改变一个人的命运,卡耐基对此深有体会。因此,他在他的著作中多次讲到这样一个故事:

我9岁那年,我的父亲便娶继母进门。当时我们是居住在弗吉尼亚州乡下的贫苦人家,而她则来自较好的家庭。我的父亲一边向她介绍我,一边说:"多希望你注意这个全县最坏的男孩,他可能会在明天早晨以前就拿石头扔你。"

我的继母走到我面前,并托起我的头看着我,接着,她看着我的父亲说:"你错了,这不是全县最坏的男孩,而是最聪明但还没有找到发泄热情地方的男孩。"

我们就凭着她这一段话开始建立友谊,也就是这段友谊,使我创造了成功的二十八项黄金法则,并将这些法则的影响力发扬光大。在她来之前,没有人夸奖过我聪明。我的父亲和邻居们都认定我是坏男孩,而我也真的表现出一些坏行为给他们看,但是我的继母就只说了那一句

话，便改变了一切。

她还改变了许多事情，她鼓励我的父亲去念牙医学校，而我父亲也从那所学校光荣毕业。她把我们家迁到县府所在地，以便父亲的牙科诊所在那里会有较好的生意，而我和兄弟也可接受较好的教育。我的父亲最初不赞成这些建议，但最后还是被她的热情所折服。

当我14岁时，她给我一部二手打字机，并且告诉我她相信我会成为一位作家。我了解她的热情，而且我也很欣赏她的那股热情，我亲身体验到她的那股热情是如何改善我们的家庭生活。我接受她的想法，并开始向当地的一家报社投稿。我不是唯一得到我继母恩惠的人，我的父亲最后也成为城里最富裕的人，而我的兄弟之中有物理学家、牙医师、律师和大学校长。

热情与成功有着密切的关系，它就好像汽油和汽车引擎之间的关系一样，热情是行动的动力。它能不断地注入你心灵引擎的汽缸中，并在汽缸内被明确目标发出的火花点燃并爆炸，继而推动信心和个人进取心的活塞。热情是一股力量，它和信心一起将逆境、失败和挫折转变成行动。然而此变化的关键在于你控制思维的能力，因为稍有不慎，你的思绪就会从积极转变成消极。你可以控制热情将任何消极表现和经验转

变成积极表现和经验。

成功学之父塞缪尔·斯迈尔斯的公司办公桌和家里的镜子上都挂着同样一块牌子，上面写着同样的座右铭：

你有信仰就年轻，

疑惑就年老；

有自信就年轻，

畏惧就年老；

有希望就年轻，

绝望就年老；

岁月使你皮肤起皱，

但是失去了热情，

就损伤了灵魂。

这是对热情最好的赞词。热情可以滋养灵魂，培养并发挥热情的特性，我们就可以给我们所做的每件事情加上火花和趣味。

热情就好比汽油一样，如果能合理利用它，它就会做一些有意义的工作；如果用之不当的话，就可能出现可怕的后果。

世界上最大的财富莫过于拥有热情。它的潜在价值远远超过金钱与权势。热情可以摧毁偏见与敌意，摒弃懒惰，扫除障碍。热情是行动的信仰，有了这种信仰，我们就会战无不胜。就我们的未来而言，热情比滋润麦苗的春雨还要珍贵。时间飞逝，热情不绝，我们一定会变得对自己、对世界更有价值。

年轻会随着日历一页页翻过而悄然离去。年轻是美好的，年轻的我们身上有不可抗拒的魅力，热情洋溢，像高山上的泉水。在热情者的眼中，没有黑暗的前途，没有无处可逃的陷阱。我们忘记了世界上还有一种叫做失败的东西，我们深信不疑的是：世界等待我们的到来，等待

我们去点燃真理、热情与美丽的火种。

健康的身心是产生热情的基础。一个人如果行动充满了活力,他的精神和情感也会充满了活力。很多推销员、教师、商界高级人物、专业人士以及其他很多人,每天一早起来就做些体能活动,像柔软操、慢跑或骑自行车,等等,这不但可以强健他们的身心,而且可以提高他们一天活动的精力和热情。

用热情唤醒"沉睡"的力量

美国的政治家亨利·克莱曾经说过:"遇到重要的事情,我不知道别人会有什么反应,但我每次都会全身心地投入其中,根本不会注意身外的世界。那一时刻,时间、环境、周围的人,我都感觉不到他们的存在。"一位著名的金融家也有一句名言:"一个银行要想赢得巨大的成功,唯一的可能就是,它雇了一个做梦都想把银行经营好的人作总裁。"即使是枯燥无味、毫无乐趣的职业,一旦投入了热情,立刻会呈现出新的意义。

她在进入这个家具厂之前,先后干过不少工作——承包过农田,搞过运输,倒卖过袜子,还卖过雪糕。但是,都没有挣到钱。对于一个离了婚又带着孩子的女人来说,既没出众的长相,又无骄人的学历,生活的确不易。

她虽然只在材料车间干些杂活,但她还是十分珍惜,也干得格外

卖力且出色。有一次，一个本地木材商因质量问题与公司发生激烈冲突，她主动请缨，最后把事情处理得非常妥帖，为公司挽回了大笔损失。她由此得到了老板的赏识，并第一次赢得额外奖金。

她高兴了很久。但是，现实马上将她拉回到愁眉不展的状态中——需要补充的是，她来这个公司已经大半年时间了，基本上没有露过笑脸。而且，天天穿着那套老旧的工作服，就更别提化妆打扮了。

后来，车间领班荣升为经理助理，在大家眼中，空缺的位置非她莫属。但结果令人意外，老板提拔了另外一个人。老板把她叫去，说："你怎么每天都没有笑容呢？"她说："就我们眼前这些活还需要笑吗？"老板的脸色严肃起来："是的，依我看，确实是干什么都需要笑，你要是会微笑，付出同样的努力，就能比别人收获更多。相反，呆板会消损你的努力——我之所以把领班这个位置安排给另外一个人，就是因为她比你乐观。有时候，微笑也是一种力量。"

老板的话使她感触颇深，她开始试着用微笑来面对身边的一切，许多熟人见了，都惊叹她的改变，并欣慰于她日渐好转的处境。

充满热情的人脸上时常洋溢着笑容，故事中的"她"如果能充满热情，时常面带微笑，机会可能早就降临到她头上了。

一个人的感觉会因受热忱的支配而变得敏锐，可以在别人看不到的地方发现动人的美丽，这样，即使再乏味的工作、再艰难的挑战，都可以坚韧地接纳下来。

狄更斯曾经说过，每次他构思小说情节时，几乎都寝食不安，他的心完全被他的故事所萦绕、所占据，这种情形一直要持续到他把故事都写在纸上才算结束。为了描写一个场景，他曾经一个月闭门不出；最后再来到户外时，面容憔悴的他看起来简直像一个病人一样。笔下的那些人物让狄更斯成天魂牵梦萦，茶饭不思。

无独有偶，伟大的作曲家莫扎特也是一个十分热忱的人。

有一个年龄只有12岁的小男孩钢琴弹得非常熟练。一次，他问莫扎特："先生，我想自己写曲子，该怎么开始呢？"莫扎特说道："哦，孩子，你还应该再等一等。""可是，您作曲的时候比我现在的年龄还小啊？"小孩不甘心地继续问。"是啊是啊，"莫扎特回答说，"可我从来不问这类问题。你一旦到了那种境界，自然而然就会写出东西来的。"

一些人认为"成功"、"潜能"这些充满诱惑力的字眼都是属于那些资质好的人，这些看法是错误的，每一个孩子身上或多或少都有一些将来可以成大器的潜质，不仅那些反应敏捷、聪明伶俐的孩子是这样，那些相对木讷甚至看起来有些愚钝的孩子也存在这样的潜质。他们一旦产生了热忱，凭借这种热忱的力量，原来人们在他们身上看到的"愚钝"就会荡然无存。

盖斯特原本只是一个无名小卒，但她第一次在舞台上露面时，立刻就让人感觉到她的前途不可限量。她演唱时所投入的热忱，使听众都深深陶醉于她的歌声之中。结果，她登台演出不到一星期，就成为了众人喜爱的明星，开始了独立的发展。她有一种提高演唱技艺的强烈渴望，于是，她把自己全部的心思精力都用在了这一方面。

爱默生曾说："人类历史上每一个伟大而不同凡响的时刻，都可以说是热忱造就的奇迹。"穆罕默德就是一个例子：他带领阿拉伯人，短短数年间，从无到有，建立起了一个比罗马帝国的疆域还要辽阔的帝国。虽然他们的战士没有什么盔甲，却有一种崇高的理念在背后支撑着，所以其战斗力丝毫不亚于正规的骑兵部队；他们的妇女也和男子一样纵横沙场，杀得罗马人溃不成军。他们的武器虽然落后，粮草严重不足，但军纪严明，从来不去抢夺什么酒肉，而是靠着小米大麦最后征服

了亚洲、非洲和欧洲的西班牙。他们的首领用手杖敲一敲地，人们简直比看到一个人拿着刀枪还要害怕。

每个人都蕴藏着巨大的力量，只要我们运用自身的热忱，就能将此力量充分发挥出来，并创造出一个又一个奇迹。

激情是高水平的兴趣，是积极的能量、感情和动机。你所取得的成就由你胸中的激情决定。当一个人确实产生了激情时，你可以发现他目光闪烁，反应敏捷，性格好动，浑身都有感染力。这种神奇的力量使他以截然不同的态度对待别人，对待人生，对待整个世界。

出身贫寒的多丽·帕顿在12个孩子中排行第四。全家靠她父亲在一小块山地上辛勤劳作来勉强糊口。多丽·帕顿的出身比一些普通人还要差。她在早年过着山里人最贫穷的生活，木棚为家，洗刷操劳，困苦不堪。然而，多丽赋予了自己某种特别的东西，她不愿成为拖儿带女的山里妇人。

她从孩提时代开始学习歌唱，5岁就能谱出歌词，她母亲替她写下来。7岁时，多丽·帕顿用旧乐器的残件制作了自己的吉他。第二年，一位叔叔送给她一把真正的吉他，这更增加了她心中的热情。

上高中了，她没有什么漂亮衣服，但她有了自己的梦想，她有热情。她的一个妹妹后来回忆说："多丽向别人讲自己的梦想，一点也不觉得难堪。在我们生活的山区，没有一个人这样想过，孩子们当然会笑话她。"

多丽·帕顿后来一辈子都在歌唱。她成了第一位唱片销售百万以上的明星。她的热忱永无停息。

胸中没有热情的人不可能坚持不懈、高质量地完成自己的工作，更不可能做出创造性的业绩。如果你失去了热情，那么永远也不可能从不利的环境中走出来，永远也不会拥有成功的事业与充实的人生。所

以，从现在开始，对你的人生倾注全部的热情吧！

让热情与成功相拥

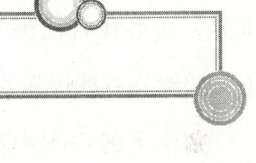

热情是意气焕发的成功人士必备的品质。热情，一方面是一种自发的素质，能使你始终保持自身的活力与斗志；同时，它又是一种珍贵的能源，能帮助你集中全身力量，投身于某一事业或工作中，并获得巨大的驱动力。

拿破仑·希尔曾经说，如果你有一颗热情的心，那么毫无疑问，现实将会给你带来奇迹。他回忆说，当年在一个浓雾之夜，当他和他的母亲从美国新泽西州出发，乘船渡江驶往纽约的时候，母亲看着汹涌的江水，兴高采烈地说："这是多么惊心动魄的情景啊！""有什么出奇的事情呢？"拿破仑·希尔疑惑地问。希尔的母亲虽然年岁很大了，但她的声音里依旧充满了热情："你看，那浓雾，那船工的号子，那船只四周若隐若现的光芒，还有消失在雾中的风帆，这一切多么动人而美好，多么令人不可思议啊！"

或许是被母亲的热情所感染，拿破仑·希尔也被那厚厚的白雾、远处那若隐若现的船只所吸引。他说，那一刻，自己那颗一向迟钝的心，似乎突然得到了滋润，因为它开始渗透进一股新鲜的血液。他对于世界开始有了探索之心、热爱之情，他感受到了世间万物的壮美景象。

母亲注视着拿破仑·希尔，微笑着说："亲爱的儿子，一直以

来，我从来都没有放弃过给你各种人生忠告。不过，无论你是否接受以前的忠告，但这一刻的话语，你一定要永远牢记。那就是：世界从来就有美丽和幸福的存在。她本身就是如此迷人，引人注目，所以，你自己必须要对它拥有孜孜不倦的热情。这是你一生幸福的保证。"

拿破仑·希尔一直牢牢记住母亲的这些话，而且努力体会、感受世界，始终让自己保持一颗充满热情的心。这使他不论在怎样的环境下，始终具有积极乐观的力量和勇气。

每个人的一生中都有许许多多成功的机会，使你可能发挥自己的一切潜力。而内心中是否始终充满热情，往往成为成功者与失败者之间的"分水岭"。

永远不要抱怨世界没有给过我们机会，机会从来就不是上帝拱手奉送的，我们必须靠自己去争取机遇。每个人在生命的每个阶段，都会有很多机遇。那些以无比热情看待自己工作和事业的人，总能发掘无穷的机遇；然而，那些抱怨没有人给他们机遇的人，就只能坐视自己的机遇走进别人的大门。

有一个年轻人从一个小加油站开始创业。当时他心想："我要如何在附近其他加油站的竞争下生存呢？"他不知道能够提供什么东西来吸引顾客，因为他所能提供的产品、营业时间和服务，他的竞争对手也都同样能够提供给顾客。于是他总是小心地问他的顾客："需要我为你检查机油吗？"有一位顾客回答他："不了，谢谢你。我在席尔斯百货店买机油。老实说，他们的价钱便宜多了。"这时，这位年轻的加油站老板灵光一现想到了一个不错的主意："便宜多了？他们是只为你更换机油呢？还是只卖机油给你，你必须回家自己换机油？你把在席尔斯百货店买的机油拿来，我免费帮你更换，我很乐意这么做。"这位受宠若惊的顾客接受了他的慷慨服务。这件事传开来了，顾客们蜂拥而至，加

油站的生意因此火了起来。

"我就是这样建立了我的事业！他们让我把车子架起来，当我将旧机油排空时，我从车子底部往上看，看到了其他东西，我只是想比其他人早一步成为他们最好的朋友。我因此树立了良好的信誉，人们知道我值得信赖，假如我说他们需要更换滤片或调带，他们就会向我购买。提供免费更换机油的服务，为我带来了许多商机。"

如果他们的刹车皮或轮胎还能用，这个年轻人绝不会试着卖任何东西给他们，但是会告诉他们："一个月后，你会需要更换新轮胎。这就是诚信，对别人有帮助！"由此，年轻人获得了良好的名声。

你一定要坚信幸运之神随时可能叩响你的大门，关键在于你是否已经做好了准备。

有一个年轻的商店店员。这天下午，外面下着雨，一位老妇人走进店里，漫无目的地闲逛，很显然，她并不打算买东西。大多数售货员都不搭理这位老妇人，而那位年轻的店员则热情的向她打招呼，很有礼貌地问她是否有需要服务的地方。老妇人说，她只是进来避避雨，并不打算买东西。这位年轻人安慰她说，没关系，即使如此，她也是受欢迎的。他热情地和她聊天，以显示他确实欢迎她。当她离开时，年轻人还送她出门，替她把伞撑开。这位老太太向这位年轻人要了一张名片，就走了。

之后，这个年轻人完全忘了这件事。但有一天，他突然被公司老板召到办公室，老板向他出示了一封信，是那位老太太写来的。老太太要求这家百货公司派一名销售员前往苏格兰，代表该公司接下一宗大生意。老太太特别指定这位年轻人接受这项工作。原来这位老太太就是美国钢铁大王安德鲁·卡耐基的母亲。这位年轻人由于他的敬业和待人热忱，获得了这个极佳的工作机会。

这位年轻人得到了晋升的机会与他的热情是分不开的，其实是他自己抓住了机遇。

无论在任何情况下你都能始终保持热情，最大限度地发挥自己的潜力，那么你就能不断战胜挫折，赢取上天为你准备的机会。

热情是一种可贵的精神品质，它深深地根植于人的内心，能够唤起一个人内心深处神奇的力量，让人散发出一种炽热、神圣的光芒，透露着吸引人和感染人的魅力。泰戈尔说："热情，这是鼓满船帆的风。风有时会把船帆吹断；但没有风，帆船就不能航行。"

从名牌大学毕业的小陈，专业成绩相当好，知道他的人无不伸出大拇指来称赞他。可是技术归技术，人缘归人缘，小陈工作时总是缺少点热情，所以无论他怎么努力好像都得不到上司的赏识。小陈为此很苦恼也很消沉。后来远在异地的父亲来北京看望小陈，得知他的情况后，仔细分析了一番，然后对忧愁的儿子说："孩子，你什么都不差。但是做人啊，一定要热情一点，你与群众关系好是应该的，但不该总躲着领导，不是让你去巴结他，而是正常积极地接触，你的领导会喜欢你的。"

小陈按父亲的意见去做了，不久小陈就得到提升，成为公司最年轻的部门经理。

人生中最大的财富和力量莫过于热情的性格。一个极富热情的人，所散发的"热量"足以使僵化的人际坚冰消融，能让更多的人注意到自己，并愿意与自己接触。在我们的生活中，只要你能给热情以适当的阳光和水分，它就一定会"生根发芽"，成就你美好的未来。反之，如果你在面对生活的时候缺乏热情，你的生活也会因此而变得黯然无光。

热情演绎成功人生

坚持自己的信念，你会拥有一个充实美好的人生。自己的成绩是不需要别人来鼓舞指引的，当你认为自己好的时候，那便是好，不需要听取别人的批判或赞美，这就是信念。

奥立佛在英语剧坛五十年屹立不倒。从凡人到宙斯，从牧师到纳粹党人，各种角色他无所不能。但他最大的成就是一系列莎士比亚戏剧。在莎翁的世界里，奥立佛几乎只手遮天，无人可与之匹敌。借助舞台与电影表演，他指导现代观众步入莎翁艺术的殿堂。我们所熟知的《王子复仇记》是他1948年的杰作，曾获当年奥斯卡大奖。1954年，他在《理查三世》一片中集制片、导演、主演于一身。该片在电影和电视上同时首映，观众多达2500万人，超过以往莎剧观众人数的总和。如今，任何莎剧演出如果偏离奥立佛立下的标准，就显得缺乏生机。

奥立佛的成就并非一蹴而就。年轻时，他对莎剧大胆独到的诠释，常被讥讽为哗众取宠。一次，奥立佛饰演《奥塞罗》中的亚古，他采用亚古爱上主人的弗洛伊德式的解释，亲吻奥塞罗的嘴唇。此举令观众大为吃惊。饰演奥塞罗的演员只好无可奈何地挣脱身体，然后喃喃低语："好了，好了，别这样。"

现实生活中的奥立佛也充满了精彩段落。他曾与女明星费雯丽各

自抛下原配相恋结婚。此后，又因费雯丽精神失常而离异，几百万影迷为此大感失望。1961年，奥立佛与女演员琼·普洛莱结婚。普洛莱觉得奥立佛难以捉摸，说他永远都在演戏。他经常借化装、易容等手段，施展他所谓"由外及内"的功夫。他好像一直觉得无法找到自己的真实身份，所以他要不断改造自己。

1965年，奥立佛在伦敦扮演奥塞罗。当天晚上，他演得相当精彩，全体演员为他鼓掌道贺，但奥立佛却冷漠地把门关上拒绝称赞。有人疑惑地问及原因，他回答："我知道我演得好。问题是我不知怎么演出来的，所以，我怎么有把握下次还演得这么好？"然而他的下一次还是这么好。奥立佛的演技无人能及，他是剧坛唯一获得上院爵位的演员。

热情不是天生就有的，而是后天的特质。你在别人身上付出的热情越多，你得到的人心也就越多。因为你在热情的同时也影响了别人的灵魂。

西奥多·罗斯福是深受美国人民爱戴的总统。他获得了惊人的成就与声誉。在家里，他的仆人都很热爱他，他的贴身男仆安德烈向人们讲述了这样一件事：有一天，安德烈的妻子问罗斯福总统野鸭是什么样子，因为她一生都没离开过华盛顿，没有机会到野外去看野禽。罗斯福总统耐心地向她描述野鸭的模样和习性。安德烈和他的妻子住在一栋小房子里，离罗斯福总统的住处很近。第二天，安德烈房里的电话响了，电话那头传来了罗斯福的声音，那声音告诉安德烈的妻子，他们房子外面的那片草地上就有只野鸭。安德烈的妻子看见了对面房屋窗户里罗斯福微笑的面庞。

还有一次。塔夫脱总统夫妇外出时，老罗斯福拜访了白宫，他没有去客厅，也没去接待室，而是去了厨房。他友好地向每个人打招呼：

"嗨,桃瑞斯,最近很忙是吗?""杰克,胃口还好吗?我想你是离不开酒瓶的,什么时候我们喝一杯?"就这样,他跟每个人都打了招呼,就像多年不见的老朋友一样。后来,在白宫服务了30年的厨师史密斯热泪盈眶说:"罗斯福总统是那样热情,那样关心人,这怎能不让人感动呢?"

要想赢得他人的好感,就要用良好的心态应对一切,就要用热忱代替冷漠。

有三个人做游戏,要在纸片上把他们曾经见过的印象最好的朋友的名字写下来,并解释为什么选这个人。结果写好后。第一个人解释说:"每次他走进房间,给人的感觉都是春光满面,好像生活又焕然一新了。他热忱活泼,乐观开朗,总是非常振奋人心。"第二个人也说明了他的理由:"他不管什么场合,做什么事情,都是竭尽所能、全力以赴。他的热忱感动了每一个人。"第三个人说:"他对一切事情都尽心尽力,所付出的热忱无人能比。"

他们三个人都是英国几家大刊物的通讯记者,他们见多识广,足迹遍布世界的各个角落,结交了各种各样的朋友。当三人都亮出纸片上的名字,他们惊异地发现原来三个人写的是同一个名字——澳大利亚墨尔本一位著名的律师,这位律师正是以热忱而举世闻名。

不论是才能出众的人还是知识丰富的人,有多少知识,如果缺乏热情,那就等于是纸上谈兵,一事无成。没有人愿意整天跟一个提不起精神的人打交道,没有哪一个老板愿意去提拔一个沉默寡言的员工。但是,如果一个人智力一般,才能平庸,却拥有满腔热忱、努力奋斗,所谓"勤能补拙",就一定能产生很好的业绩。

热情就是一种神奇的力量,只要你拥有它,即使你有一些不足,别人也会原谅,因为"有热情一切都会有",你一定要热情,否则,再

有才华也会一事无成。

热情是发自内心的兴奋，并扩充到整个身体，从一定程度上来说，热情操纵着你的思维和情感。热情能唤起内心深处神奇的力量，让人散发出一种炽热、神圣的光辉，那就是吸引人和感染人的魅力。

热爱自己，别让人生贬值

"自甘堕落"、"自暴自弃"、"破罐子破摔"诸如此类的话，都是在描述一个人有不好的境遇，然后自我放弃，结果把自己推向失败颓废的人生境地。

其实，每一个人，都难免会犯以上的错误，只不过是程度轻重的差别。有句话形容"自己才是自己最大的敌人"，因为我们总是不断地放弃一些本该坚持的东西。

有一个女孩子穿着干净的鞋子，踮着脚尖小心翼翼地走在泥泞的路上，为了保持鞋子干净，她走走停停，特意挑比较高和硬的地面。可是一不小心，她还是踩到了烂泥里，干净的鞋子一下脏了一大片。她非常气愤，于是便不管不顾，两只鞋随意踩在泥路上，走得非常快。

相信我们也都遇到过这种场景，既然脏了，那么就让它更脏好了；既然坏了，那么就毁了它……心理学家指出，其实，在我们每一个人的内心深处，多少都隐藏了一些"自毁"的倾向，这种内在情绪的冲动通常会驱使一个人做出不利于自己发展的事情。例如，有人整天絮絮

叨叨，看什么事都不顺眼，动不动就抱怨这个、抱怨那个，好像所有的人都做了对不起他的事；还有的人，生活漫无目标，整日无所事事，只会嫉妒别人的成就，引咎自责，认为任何好运气都不会落在自己的头上。此外，还有的人嗜酒如命、好赌成性、饮食不知节制、消费成癖、纵情声色，等等，这些都是自毁行为。

事实上，每个人都有失意的时候，比如经济窘迫、错失爱情、事业不顺等，面对这种情况，人们往往有两种选择：悲观的人整天长吁短叹，认为自己一无是处，就此一蹶不振，结果人生变得更加暗淡和闭塞；乐观的人一笑置之，从头开始，坚持不懈，生活越来越精彩。事实上，人生成败完全取决于自己的内心。

一位著名的演说家在讨论会上没有说一句开场白，手里却高举着一张20美元的钞票。面对会议室里的200个人，他问："谁要这20美元？"所有人都把手举了起来。他接着说："我打算把这20美元送给你们中的一位，但在这之前，请准许我做一件事。"他说着将钞票揉成一团，然后问："谁还要？"仍有人举起手来。他又说："那么，假如我这样做又会怎么样呢？"他把钞票扔在地上，又踏上一只脚，并且用脚踩它。然后他拾起钞票，钞票已变得又脏又皱。"现在谁还要？"依然有人举起手来。

"朋友们，你们已经上了一堂很有意义的课。无论我如何踩躏那张钞票，还是有人想要它，因为它并没贬值，它依旧值20美元。人生路上，我们会无数次被自己的决定或逆境击倒、欺凌甚至碾得粉身碎骨。当时，我们会觉得自己一无是处。但无论发生什么，或将要发生什么，在上帝的眼中，你们永远不会丧失价值。在他看来，肮脏或洁净、衣着齐整或不齐整，你们依然是无价之宝。生命的价值不依赖我们的所作所为，也不仰仗我们结交的人物，而是取决于我们本身，也就是说，完

属于你的内心所想！你们是独特的——永远不要忘记这一点！"

自己决定自身的生命价值，除了自己，没有人能让你贬值。不要因为自己的普通、贫穷或暂时的失意而自怨自艾，无端地贬低自己。只要你承认自己、肯定自己，给自己足够的自信和勇气，总能发现自己的价值。事实证明，在贫穷与困境中保持着昂扬斗志和完整人格的人，往往都能赢得人们的尊重和敬佩。

杜柏林认为，生命的脚本可因演出者的主观意志而改变。每个人天生的性格固然会影响他的行为模式，但即使你的输家"脚本"是与生俱来的，你也可以决定不再依赖这种"脚本"过日子。关键在于，你是否愿意正确对待你的缺陷，改变你的自毁行为，不再自暴自弃。

想要收获一个灿烂的人生，就要给自己和内心找出和解的方法。你要努力改掉多年的自毁习惯，当你一点一滴地铲除这些障碍的时候，你就会发现：你已经不再是自己最大的敌人，而是自己最好的朋友。

第五章 抓住机遇，圆梦人生

机不可失，失不再来，只有具有破釜沉舟精神的人，才能在第一时间抓住机会从而改变命运。"人生能有几回搏"，当你意识到机遇出现的时候，一定要果断地抓住它，不要掉以轻心，有很多事情往往就因相差一点而失去了千载难逢的机遇。

把握机遇是一种大智慧

我们对唐代诗人高适的"莫愁前路无知己,天下谁人不识君"的诗句想必都很熟悉。这两句诗实际上是告诉与其感叹自己生不逢时,总是羡慕别人的幸福,还不如扪心自问自己是否真正"怀才"。通常情况下,只要有能力,总会遇到发挥的机会。

一位作家曾经把机遇比作梯子两边的侧木,人的学识和才能就像梯子中间的横木,只有德才兼备,才能走向成功。"实力"和"机遇"二者是相辅相成的,实力的保证是被机遇眷顾的基础,这是最基本的方略。

一个人只有善于抓住机遇,才能有机会实现自己的理想。在充满竞争的信息时代,帮助人们成功的机会有很多,但机会稍纵即逝,失去了就不会再回来。所以,在机会面前一定要坚决果断、义无反顾,当机立断,千万不要迟延和等待,更不可优柔寡断。

机遇对每个人都是公平的,但为什么有的人总是能抓住机遇使自己成功,而有的人却对机遇视而不见、无动于衷呢?其关键就是各自的思维不同。对于没有正确思维的人来讲,即使有许多机遇摆在他面前也毫无用处,而具备杰出思维的人却能在最平凡的小事里发现机遇,有时这个机遇甚至可以改变他一生的命运。

实现目标或取得最佳成绩的人,他们被认为是杰出者,但他们往往不是掺杂在人流之中去竞争,而是独辟蹊径,发挥优势,用超出常人的思维去实现自己的目标。

有一年,但维尔地方经济萧条,不少工厂和商店纷纷倒闭,被迫低价抛售自己堆积如山的存货,价钱低到1美元可以买到100双袜子。

约翰·甘布士是一家织造厂的小技师。当他把自己的积蓄用于收购低价货物时,人们都嘲笑他是个蠢材!

约翰·甘布士对别人的嘲笑漠然置之,依旧收购各工厂抛售的货物,并租了一个很大的货场来贮货。

妻子劝他,不要再收购这些别人廉价抛售的东西,因为他们历年积蓄下来的钱数量有限,而且这笔钱是准备用作子女教养费的,如果此项生意血本无归,那么后果便不堪设想。

对于妻子忧心忡忡的劝告,甘布士笑着安慰她道:"三个月以后,我们就可以靠这些廉价货物发大财。"

过了10多天后,那些工厂找不到买主了,便只好把所有存货用车运走烧掉,以此稳定市场上的物价。

妻子看到别人已经在焚烧货物,不由得焦急万分,抱怨起甘布士。对妻子的抱怨,甘布士一言不发。

两个月后,美国政府终于采取了紧急行动,稳定了但维尔地方的物价,并且大力支持那里的厂商复业。

这时,但维尔地方因焚烧的货物过多,存货欠缺,物价一天天飞涨。这时,约翰·甘布士马上把自己库存的大量货物抛售出去,一来赚了一大笔钱,二来使市场得以稳定,不致暴涨不断。

当初他决定抛售货物时,妻子曾劝告他暂时不忙把货物出售,因为物价还在一天一天飞涨。

他平静地说:"是抛售的时候了,再拖延一段时间,就会后悔莫及。"

果然,甘布士的存货刚刚售完,物价便跌了下来。妻子对他的远见钦佩不已。

后来,甘布士用这笔赚来的钱开设了5家百货商店,生意非常红火。

后来,甘布士成为美国重要的商业领军人物,他曾经写给青年们一封公开信,在信中他意味深长地说:"亲爱的朋友,我认为你们应该重视那万分之一的机会,因为它将给你带来意想不到的成功。有人说,这种做

法是傻子的行径,比买奖券的希望还渺茫。这种观点是有失偏颇的,因为开奖券是由别人主持,丝毫不由你主观努力,但这种万分之一的机会,却完全是靠你自己的主观努力去争取的。"

这个故事充分地说明了杰出者的思维方式,说明他们是怎样抓住机遇的。你应当像他们一样,善于抓住机遇,把握机遇,创造机遇,直到成功。

不过你得注意,要想把握这万分之一的机会,你必须做到:

1.目光远大。鼠目寸光是不行的,不能只看见树叶,而忽略了整个森林。

2.做好准备,有一句名言说:"机遇偏爱有准备的头脑。"在机遇来临之前先提升自我,在机会到来时才能牢牢把握。

3.锲而不舍。没有持之以恒的毅力和百折不挠的信心,是难以取得成功的。

对机遇,必须看准时机及时把握它,并付诸行动,将它变成现实的成功,这才是杰出人士的明智选择。

机遇就是一种选择

人生短暂，人们苦苦等待着幸福之神的降临，时时盼望着有好的机遇。可是当机遇来临的时候，如果不能把握，就要终身蹉跎，一事无成。机遇的面孔十分平凡，它靠的是我们能睿智地辨别出来，并果断利落地做出正确选择。

机遇总是青睐那些有准备的人，机遇总是垂青那些善于思考、善于改变的人。很多时候，机遇是掌握在我们自己手中的，它完全就是一种自主的选择。

两个樵夫结伴上山捡柴，在山里发现两大包棉花，欣喜之余，他们决定各自背一包棉花回家。走着走着，其中一名樵夫看到山路有着一大捆布，他想和同伴商量，改背麻布回家。

他的同伴坚持不愿换麻布。先前发现麻布的樵夫屡劝同伴不听，只得自己竭尽所能地背起麻布，继续前行。又走了一段路后，背麻布的樵夫在路上发现数坛黄金，便扔下麻布，改用挑柴的扁担来挑黄金。

他的同伴仍然不愿意丢下棉花，发现黄金的樵夫只好自己挑了两坛黄金，和背棉花的伙伴赶路回家。走到山下时，突然下了一场大雨。背棉花的樵夫肩上的大包棉花吸饱了雨水，重得完全无法再背得动。那樵夫不得已，只能丢下棉花，空着手和挑金的同伴回家去了。

两个樵夫面对着同样的机遇，一个抓住现有的利益紧紧不放，不改变思路，不听取他人的建议，惧怕改变而因循守旧，终将被淘汰。而另一个则善于观察，对自己现有的事物和新事物进行比较，明智地做出了决断并付诸行动，他敢于思考敢于创新，用正确的选择抓住一次又一次机遇。

机遇在我们眼前一次次经过，抓住了机遇就像乘上顺风顺水的船，我们所追求的事物会更加容易实现。世上没有免费的午餐，要酬劳就要付出。面对机遇也是如此，不处处留心，不大胆选择改变自己，怎么可能辨别机遇的多变面孔呢？

面对越来越快的社会发展步伐，如果我们能多多学习，改变自己，做出选择，也许就会迎来更多的机会。机会摆在面前却不会去利用，或者因为犹豫不决而错过了它，只能让人后悔莫及。

几个学生问哲学家苏格拉底，怎样才能寻找到合适的伴侣。

苏格拉底没有直接回答，而是把他们带到一片麦田，要求每人挑选一束自己认为最大最好的麦穗。不许走回头路，不许选择两次。

等到学生走出麦田的时候，苏格拉底笑着问学生："你们都挑到了自己最满意的？"

"老师，让我再选择一次吧，"一个学生请求说，"我刚走进去就发现了一束很大很好的麦穗，但我还想找一束更大更好的。当我走到尽头时，才发现第一次看到的那束就是最大最好的。"

另一个学生紧接着说："我和他恰好相反。我走进不久，就摘下了一束我认为最大最好的麦穗，可是，后来我又发现了更好的。所以，我有点后悔。"

只有第三个学生对自己的选择比较满意，他说："当我走进麦田时，我并不急于选择，而是将注意力放在观察麦穗上。后来当我走到

麦田的三分之二时，我选择了一束我认为最饱满的麦穗，虽然后来看到还有其他更美的麦穗，但我并不后悔。"苏格拉底听完了，露出会心的微笑。

人生就是一次无法重复的选择，错过良好的机遇会让我们抱憾终生。面对徐徐展开的人生画卷，落笔要谨慎，做出最正确的选择，才算是充分利用了上天赐给我们的机遇。不要像那第一个学生盲目地期待更好的，一直往前走却没有把握就在手边的机遇。也不要像第二个学生没有过多地思考，只是抓住了手边的，却再也没有机会看看后面更好的稻穗。只有第三个学生认真地思考了自己所有的条件，仔细观察并在可以控制的范围内做了最满意的选择，所以即使后面还有更大的，他也不后悔。

赢得一个好机遇，不仅仅是靠运气，更决定于个人的明智选择。同样的事物摆在眼前，有头脑的人会多动脑子多辩证思考，把被动化为主动，最终选择最符合自己利益的事。正如苏格拉底让学生们只能走一次一样，人生只上演一次，这次错过了就再也没有机会弥补。一个人的命运是由自己的思想意志决定的，改变了自己就能改变人生，机遇面前不逃避、不退缩、果断行动，才能抓住它。

主动出击，寻找机遇

机遇是一个顽皮的孩子，他聪明伶俐，却从来不听从旁人的指挥，只有最积极主动的人才能得到他的青睐。亚历山大大帝在某一次战

斗结束后，有人问他，是否等待机会来临再去进攻另一个城市，亚历山大听了这话后嗤之以鼻："机会？机会是要我们自己去创造的。"

乔治·W.布什曾说："要把握时机，确实要眼明手快地去'捕捉'，而不能坐在那里等待。"

20世纪初，美国有一家专门经销煤油及煤油炉的公司。公司创立伊始曾大量刊登广告，极力宣扬煤油炉的诸多好处，但收效甚微，其产品无人问津，货物大量积压，公司濒临绝境。

有一天，老板突然灵机一动，招来手下职员，让他们登门向住户无偿赠送煤油炉。住户们得到无偿赠送的煤油炉，真是喜出望外，哪里会拒绝呢？不久，公司的煤油炉就赠送一空。当时的炉具还没有现代化，人们生火做饭只能用木柴和煤。这时，煤油炉的优越性显现出来了，家庭主妇们一天也离不开它。很快，她们发现煤油烧完了，这回只能自己到市场上去买。当时煤油价格并不低，但已离不开煤油炉的人们也只得掏腰包了。再后来，煤油炉也渐渐用旧了，于是只好买新的，如此循环往复，这家公司的煤油和煤油炉便常销不衰。

化被动为主动，顾客不了解自己的产品，便主动创造机会让煤油炉进入人们的生活。用极大的付出换来后来更广阔的市场，这表现了老板的非凡魄力。当销售停滞，大家一筹莫展的时候，换一个想法，也换来了一片生机。

经验告诉我们，等待机遇是一种极其愚蠢的行为。不要以为机遇像是一位客人，他来到你家轻轻地敲门，等待你开门把它迎接进去。相反，机遇是不可捉摸的，无影无形、无声无息，有时潜伏在你努力的工作中，有时徘徊在无人注意的角落里，假如你不用苦干的精神，努力去寻求、去创造，也许你永远不会遇见它，因为机遇只会与勤奋努力、敢于拼搏闯荡的人打交道。

机遇遮掩了自己熠熠生辉的面孔，在我们的中间行走，他在观察，谁最勇敢谁最主动，谁对机遇的渴望最为强烈。只有积极主动地去寻找机遇，才会带来美好的结果。

麦吉一直有一个愿望，就是到著名的H大学念书，然而当他收到录取通知书时却陷入了苦恼。原来他同时收到了K大学的通知书，K大学不仅为他免除了四年学费，还提供四年的助学金，这对于贫寒的麦吉来说是个极好的消息。麦吉辛苦考上的H大学，只在入学当年给6500美元的奖学金，仅此而已。麦吉陷入了抉择的苦恼中，他向老师帕拉教授征求意见。

"你喜欢的是H学校，那么只要你去找学生自主办公室的人员了解情况，并表示诚意，我敢打赌，你一定会得到进一步资助的。""那第二个学年怎么办？""先进去再说。"帕拉教授语气坚定地说。

第二天一大早，麦吉就来到H大学学生自主办公室，向主任了解情况，并进一步诚恳地陈述自己在经济方面的困难。主任耐心地听完后问："你到底有没有决定上H大学？"麦吉回家立即给H大学正式回信，表示他将在秋季入学。

5天后，麦吉收到H大学学生资助办公室回函，通知他学院决定补加2500美元的奖学金。进入H大学之后，麦吉又通过不同途径找到了各种经济资助。到头来，他在H大学读书的6年里，非但一分学费未交，还得到4万多美元的奖学金！

麦吉从这次经验中学到了凡事要多想可能性，多做调查的方法，"先进去再说"也成了麦吉日后的一项重要的做事原则。

英国作家弗兰西斯·培根说过："通往失败的路上，处处是错失了的机会。"通常，适合我们的时机往往只出现一次，在选择面前犹犹豫豫，只能让你错过许多好时机。难以抉择时，我们要主动去寻找，机会一旦露出端倪，就要毫不犹豫地抓住它。

当你很想做一件事，又苦于重重的阻力、犹豫不决时，不妨就采取这样的行动：先进去再说。人如果在一扇门外站得太久，往往会把困难在想象中无限放大，最后再也没有勇气抬起敲门的那只手。不管怎样，给自己创造一个机会，先进去再说吧！

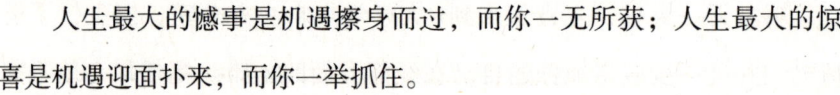

创造机遇获得成功

人生最大的憾事是机遇擦身而过，而你一无所获；人生最大的惊喜是机遇迎面扑来，而你一举抓住。

美国机遇学大师卡尔·彼特说："抓到机遇抓到命，摸到机遇摸到金。凡是机遇并不是明明白白地展现在你的面前，需要你用智慧的大脑去破译。"

现实生活中，为什么有的人能抓住机遇，不断走向成功，而有的人却始终与机遇无缘呢？这无疑值得人们去深思、去反省。

可以说，机遇并非对任何人都是平等的，它只喜爱那些不断地去把握、去寻找、去挖掘、去创造它的人，或者说它是偏爱与垂青那些有准备的人。这就要求人们克服安于现状、恋栈旧巢的心态，摆脱惰性，充实自己，随时注意身边的一切，因为机会每一刻都有可能在我们的身边降临。当然，除了做好迎接机遇的准备之外，我们还应掌握辨别和选择机遇的能力。因为机遇的到来总是有不同的形态，有时忽然而至，有时悄悄而来，有时夹杂于其他事物之中，有时独自潜伏在你身边，这就

需要人们在反省之中懂得去识别、选择、寻找与挖掘。从对许多成功者的分析中可以看出，其成功的秘诀就在于目光敏锐、孜孜以求、善于寻找和开掘。所以，人们要想很好地捕捉机遇，就必须具备一种"吾将上下而求索"的追求精神和"牵挂你的人是我"的心理素质。只有这样，才能使机遇与自己靠近与融合。

在寻找机遇的过程中，"创造"是万万不可忽视的，古语说得好："智者顺时而谋，愚者逆理而动；弱者坐待时机，强者创造时机。"明智的人更懂得为自己创造的机会，而不是坐等机会的降临。因为创造比等待更有意义。

弗雷德克在小的时候就梦想着自己能够成为一个商人，因为好的机遇总是没有眷顾他，所以他时常感到焦躁不安。

有一天，他偶然发现若是将冰块加入水中，或者化成水，就能够成为冷饮。他还注意到大多数的人通常都是在热饮店里喝饮料或酒。在炎热的夏季，酒店的生意就很冷清，店主也非常烦恼。他灵机一动，若是在这炎热的夏季，人们可以喝上冷饮的话该是多么痛快啊！

弗雷德克感觉这就是一个巨大的商机。因此，他开始做各种实验来制作冷饮。他尝试利用冰块做不同的冷饮，还将冰块加入各种饮料中使饮品有不同的口味。在多次试验之后，他终于制作出了适合多数人饮用的冷饮。

由于这些冷饮在炎热的夏季能够帮助人们解暑降温，并且经冰镇过的各种饮料非常可口，因此冷饮一经上市便立即在当地受到了广泛欢迎，特别是那些气温高而又缺水的地方尤为青睐。在短时间内，冷饮像一股潮流一样，逐渐在全国范围内广泛流行。

冷饮的流行又进一步带动了冰块的销售，使冰块销售业得到了长足的发展，一切都按弗雷德克所预期的进行着，他也因此获得了巨大的

财富。

弗雷德克是一个勤于思考、敢于行动的人，在他发现冰块所隐藏的巨大商机后，立即进行试验，不断地验证自己的想法。而他之所以有这种动力，正是因为他相信自己的决定，紧紧抓住这个难得的机会。否则，就会让别人抢占先机。

抓住机遇说明你离成功不远了，然而，创造机遇并不是一蹴而就的，它需要人们拥有更大的勇气，付出更多的辛劳；机遇总是出现在险峰之间，它只会眷顾那些面对艰难困苦无所畏惧的人。

世界上成功的人有很多，他们不一定就比你聪明、比你能干，而只因为他们比你更懂得创造机遇。美国著名成功学大师安东尼·罗宾说过，成功与你的果断决定有着密不可分的联系。成功的人可以迅速做出决定，并且会将决定坚持下去；而失败的人做决定时通常会犹豫不决，而且变换的频率很高。决定就是一股无形的力量，在你人生的每一个时刻导引你的思想、行动和感受。

在日本一个偏僻的山区里，有一个小山村因山路崎岖，几乎与世隔绝，几十户人家仅靠少量贫瘠的山地过日子，十分落后，生活极为贫苦。全村人虽然也想脱贫致富，却一直苦于无计可施。

一天，村里来了一位精明的商人，他立即感到这本身就是一种可贵的商业资源，便向村里的长者献了一条致富计策。于是，长者马上召集全村人，对村民们说："如今都什么年代了，我们村的人还过着和原始人差不多的生活，我们深感内疚和痛心！不过，大都市里的人过着现代化生活的时间长了，一定会感觉乏味。咱不妨走回头路，干脆过原始人的生活，利用我们的'落后'，定会吸引许多城里人。而我们呢，也可以借此机会做生意赚钱。"这一计谋博得到全村人喝彩。从此，全村人便开始模仿原始人的生活方式，在树上搭房，披兽皮，穿树叶编织的

衣服。

没有多长时间之后,那位商人就将其发现"原始人"小部落的事情告诉了日本新闻界,马上吸引了社会各界关注的目光。于是,很多人都慕名而来,参观者从没有间断过,众多的游客为这个小小的部落带来了巨大的财富。那些善于抓住商机的人也来了。他们开始修公路、造宾馆、开商店,将这里开辟为旅游景点。小山村的人趁机做各种生意,终于富裕起来。

每个人一生中都会遇到许多机遇。能力强、综合素质高的人善于抓住机遇并且充分利用它们,具有高度智慧的人更善于创造机遇。

机遇是造就一个人成功的首要因素。机遇往往是突然地或不知不觉地出现,有时甚至永远不为人所知,或只是在回首往事时才认识到过去的那件事是个机遇,庆幸抓住了它或者后悔失去了它。因此,善于抓住机遇的人应该具有以下基本素质。首先,要随时做好准备。充分认识到小事的重要性,把每一件小事做好,要知道机遇有时候就蕴藏在小事之中。其次,一旦出现机遇,要全力以赴地抓住它。最后,要锻炼出敏锐的洞察力,善于在复杂的情况下发现机遇。

当然如果一味地想要抓住机遇,就会被机遇所制约,而真正聪明的人会主动创造机遇。如果只是坐等机会的到来,那么他可能永远都不会眷顾你。就像那些永久居住在大山里的人,尽管他们知道外边世界是很精彩的,知道自己的家乡贫穷,但他们并不思考怎样才能改变这种状况,只能暗自叹息了。而那个聪明的商人就是善于利用自身创造机遇,并最终带领那些农民走出了贫穷。

当然,在人生中,并不是所有聪明的将军都能百战不殆;并不是所有不安于现状的人都能一帆风顺。这是为什么呢?就是因为我们不知道如何抓住机遇,不知道机遇能改变我们的一生,不知道机遇会让我们

一举成名。

可惜的是，并不是所有的人都明白这个道理，并不是所有的人都相信机遇能改变自己的一生，能够让自己获得成功。他们在机遇来临的时候，不仅无法认识到那个是机遇，更无法谈到利用机遇来改变自己的命运。

把握生命中的每一次机遇

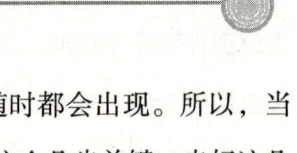

人生是一个漫长的旅程，但机遇并不是随时都会出现。所以，当机会来临的时候，一定要把握住。人生其实就这么几步关键，走好这几步，大局即定。

左宗棠的人生关键点是在1861年与太平军的江西鏖战。当时太平军在鄱阳湖一带大战曾国藩，逼得曾国藩差点自杀，多亏左宗棠以寡敌众，与太平军死拼，才挽回败局。曾国藩对他分外倚重，并向朝廷为他嘉奖。从此受到清廷器重，为他日后的成功打下了基础。

当初，曾国藩委派左宗棠经营楚军。咸丰十年（1860年），当他苦心经营，把楚军组建得拥有一定规模之时，太平军的战略动向也有所改变，使清政府难于应付，尤其是石达开率太平军一支奔向了关中四川，那里可称之是坚如壁垒，如果占据，再进行铲除就不是容易的事了。清政府对此已有所察觉，于是清廷计划调派左宗棠督办四川军务，率楚军由湘入川。

曾国藩得知这一信息后，很担心左宗棠去"督办"就职而拒绝跟他一起"襄办"军务，以便削弱湘军对安庆乃至南京的力量。事实上，左宗棠并不想入川作战，而是想要集中精力应付太平天国。他对曾国藩、胡林翼说："我志在乎吴，不在入蜀矣。"所以，朝廷只好派湖南巡抚骆秉章督办四川军务。左宗棠则率楚军向江西开进，这是左宗棠第一次统率军队出省作战。

当时，太平天国在沉重打击清军江南大营之后，又继续进行东征和西征，不就就在苏南和皖南战场连连得手。

咸丰十年（1860年）的八九月间，李世贤、杨辅清带领太平军攻占宁国、休宁等地，在祁门东线直逼曾国藩大营。曾国藩调左宗棠军从南昌东进支援，左宗棠带领楚军到达赣东北的景德镇。

左宗棠的部队进驻景德镇后，于当年的十一月初主动进攻，攻占德兴和安徽婺源（今属江西省）两地，旋因太平军进攻景德镇而回师。左宗棠认为，景德镇"为江西省前门，涤公祁门后户若有疏失，不堪设想"。

一样，太平军进军赣北，用意也在控制这一地区，以切断皖南曾国藩湘军对外联系和粮饷供应的通道。于是，双方在景德镇一带展开了激战。

黄文金、李远率太平军分兵五路进攻景德镇，并分军攻打浮梁。左宗棠在景德镇布置防攻，击退太平军。曾国藩又调派鲍超由皖南赴赣北，增援左军。左宗棠会同鲍超向太平军发动进攻，黄文金抵挡不力，于次日退至彭泽和皖南建德。左宗棠又派楚军帮助鲍超军加紧追击，攻克彭泽、建德。黄文金部太平军损失惨重，只能退守芜湖，无法参与皖南、赣北战事。黄文金攻打景德镇败退后不久，李世贤部太平军从安徽休宁攻占婺源，分部进攻浮梁和景德镇。左宗棠派王开琳带领"老湘

营"出景德镇抵御。

太平军初战失利,接着李世贤亲率大军向西挺进,王开琳败退景德镇。曾国藩急调皖南镇总兵率部由建德移防景德镇,左宗棠率军转攻鄱阳。李世贤向景德镇发动进攻,全歼守将陈大富一军,太平军攻克景德镇。左宗棠害怕被太平军所歼,逃往乐平。李世贤回师皖南,预备再攻祁门。

太平军攻陷景德镇,使曾国藩祁门大营粮断路绝。曾国藩亲率湘军从祁门抵达休宁,试图攻取徽州,打开通往浙江的饷道,结果被太平军打得落花流水,逃回祁门。曾国藩在绝望之中,写下遗嘱交代后事,坐以待毙。适逢此刻,左宗棠在乐平击败太平军,曾国藩绝处逢生。

左宗棠在景德镇之战败退至乐平后,经过调整,乘机出击,于乐平的桃岭、塔前击败太平军。正在向祁门进军的李世贤得知左宗棠卷土重来的消息后,调转军队向乐平发动进攻。左宗棠凭靠着乐平背山面河的有利地形,督兵三路在次日大败太平军,竟将号称十万的李世贤大军击败。李世贤被迫向东撤退,由赣北进入浙西。左宗棠乘势夺取景德镇等地。

祁门的后路又得以巩固,曾国藩大喜过望,他向清廷上奏称赞左宗棠"以数千新集之众,破十倍凶悍之贼,因地利以审敌情,蓄势待发,实属深明谋略,度越时贤"。曾国藩还在家书中说:"凡祁门之后路,一律肃清,余方欣欣有喜色,以为可安枕而卧。"

清廷依照曾国藩的奏请,于是将左宗棠由襄办军务而改为帮办军务,紧接着又授左宗棠为太常寺卿,官居正三品。至此,左宗棠可以说是在清廷站稳了脚跟,以后的发展就非常顺利了。

左宗棠的崛起有多方面的条件,一是他个人的超常能力,二是他赶上了当时时势危急的用人之际,三是曾国藩的赏识和举荐。他第一次

统率军队作战，就彰显出才干和拼劲，为自己博取了喝彩。其实，生活中的机遇也往往在"偶然"中出现。

生活中有太多的偶然。偶然的幸福、偶然的感伤、偶尔风平浪静、偶尔心潮起伏……而每一个偶然都可以成为思维的起点，推动成长的步伐。如果美丽无法永恒，就让它定格在刹那间，演绎片片永恒美丽的画面。如果你面对偶然，只是轻描淡写地一笑而过，那么它只能是你平淡生活中的过眼云烟。如果你把偶然看作是生活中的一种必然，看成是上天给予你的一个机遇，你就会有可能化腐朽为神奇。

现代医学上，青霉素已被普遍使用，它具有杀灭病菌、消除炎症感染等作用。也许，你并不知道，青霉素并是经过长期艰苦研究的医学成果，而是在一次偶然的机会中发现的！1928年9月，英国细菌学家弗莱明正忙于一种会让人致病的葡萄球菌的研究。为了明了这种细菌的生活习性和致病机理，需要对它们进行培养观察。当时的设备简陋，培养观察的工作是在一间闷热、潮湿的房间中进行的，实验过程中又需要多次开启培养皿进行观察，因此，皿中的培养物很容易受污染。有一次，弗莱明打开培养皿观察细菌时，发现在培养皿口上长出了蓝绿色的霉菌，而就在霉菌旁边，葡萄球菌被无情的溶化成清澈的水滴。

蓝绿色的霉菌为什么能抑制葡萄球菌的生长，并将其彻底消灭呢？弗莱明抓住这次偶然的发现，以全于他"喜新厌旧"的转向对这种蓝绿色霉菌进行研究，终于找到了葡萄球菌的克星——青霉素，并进一步发现它对其他一些病菌同样有杀灭作用。

1945年，发现青霉素的弗莱明与研制出青霉素化学制剂的英国病理学家弗罗里、德国化学家钱恩一起获得了诺贝尔生理学和医学奖。

一次偶然的机遇，让弗莱明敏锐地看到了其中隐藏的玄机，从而

发现了青霉素。由于青霉素的发现和大量生产,拯救了千百万肺炎、脑膜炎、脓肿、败血症患者的生命,及时挽救了许多的伤病员。偶然是上天赐予的礼物,每个人都有收到过,但可惜大部分人将其当作是废物一样随意的丢弃。如果你在工作中收到了偶然这份上天的礼物,就可能一鸣惊人,成为职场的新贵;如果你是在生活中巧遇了偶然,就不知道会带给你怎样的惊喜了。

在15世纪,有一位威尼斯商人总是需要奔波各地做生意,因为他的妻子长得十分漂亮,所以他很担心妻子是否会趁他不在的时候红杏出墙。在一个阴雨天,他在街道上走着,鞋后跟沾了很多泥,让他难以前行。商人突然间萌生了一个想法,他决定开发一种能够使人艰难行走的鞋子。由于威尼斯是一座水城,船则是重要交通工具,商人觉得妻子如果穿上带有跟的鞋子就会举步维艰,很难上下船,如此一来她就能乖乖待在家里,不会红杏出墙了。

谁知道,他的妻子穿上这双特别的鞋子后,非常兴奋,开始到处游玩。因为高跟鞋能够让她有高人一等之感,并且使她看起来更加有魅力,吸引了无数人的目光。讲求时髦的女士争相效仿。高跟鞋便很快地流行起来,直至今日,高跟鞋已经成为女性"提升"自己的必需品。

正是由于一次偶然的机遇,让一位商人本想给妻子的无形伤害,却成全他给全世界的女人一份最好的礼物。一项新发明的诞生,有时候未必要像爱迪生一样经历千百次的实验;一股潮流的盛行,有时候也许只是一个小小的偶然在作怪。偶然不等于机遇,它的作用是抛砖引玉,但能否真的引来"玉",还要看你用怎样的态度去对待偶然。如果你将出现的偶然当作一次美丽的邂逅,那么你终将会一无所获。如果你将出现的偶然,当作上天赐你的缘分并好好珍惜时,相信它会让你享受到成

功所带来的幸福。

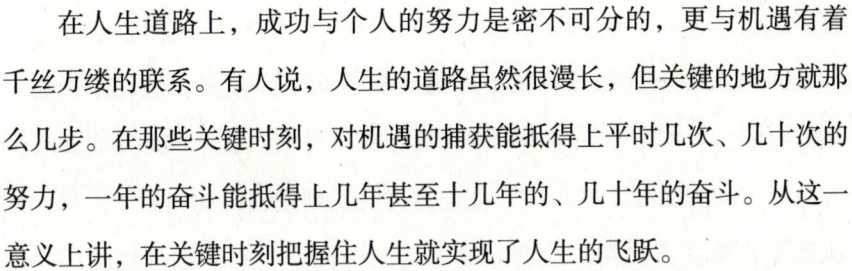

用机遇实现人生飞跃

在人生道路上，成功与个人的努力是密不可分的，更与机遇有着千丝万缕的联系。有人说，人生的道路虽然很漫长，但关键的地方就那么几步。在那些关键时刻，对机遇的捕获能抵得上平时几次、几十次的努力，一年的奋斗能抵得上几年甚至十几年的、几十年的奋斗。从这一意义上讲，在关键时刻把握住人生就实现了人生的飞跃。

有两位青年，一个叫琼斯，一个叫约翰。他们不约而同去某个海岛寻找金矿。

到海岛的邮船很少，半个月一班。为了赶上这趟船，两个人都日夜兼程地走了好几天。当他们双双赶到离码头还有100米时，邮船已经起锚。天气奇热，两个人都口渴难忍。这时，正好有人推来一车柠檬茶水。邮船已经鸣笛发动了，琼斯只瞟了一眼茶水车，就径直飞快地向邮船跑去。约翰则抓起一杯茶就喝，他想：喝了这杯茶也来得及。琼斯跑到时，船刚刚离岸1米，于是他纵身跳了上去。而约翰因为喝茶耽搁了几秒钟，等他跑到时，船已离岸五六米了。于是，他只能眼睁睁地看着邮船一点点地远去……琼斯到达海岛后，很快就找到了金矿，几年后，他便成为亿万富翁。而约翰在半月后勉强来到海岛，因为生计问题只得做了琼斯手下一名普通的矿工。

有人感叹：机遇啊机遇，有时就这么短短的几秒钟，就决定了两个人的命运！"伯乐相马"的故事众所周知，人们常为"先有千里马"和"先有伯乐"而争执不休，其实换个角度，"伯乐相马"既是千里马的一次机遇，也是伯乐的机遇。若伯乐不是因为有这个机遇去相这匹千里马，证实自己的相马才能，也不能够得到大家的认可，更不能够流芳百世；而对于千里马来说，若不是有了被相的机遇，即使它的能力再好，也只能屈居于马厩中，等着终老。然而，对于机遇，若不能把握，错失良机，那么机遇可能就会如筛子一样，使考验者优胜劣汰。

　　人与人的差别往往不在于面临的机遇的好坏差别，而在于当它来临的时候，人们常有许多不同的选择方式：有的人会单纯地接受；有的人抱持怀疑的态度，站在一旁观望；有的人则倔强得如同驴子一样，固执地不肯接受任何新的改变。而不同的选择，当然导致截然不同的结果。许多成功的契机，起初未必能让每个人都看得到深藏的潜力，而最初的抉择正确与否，往往决定了你是成功还是失败。

　　人和人的差别还在于，有时候我们根本没有意识到机遇的来临，得过且过地混着日子，所以白白浪费了让自己脱胎换骨的机遇。

　　比如我们耳熟能详的"滥竽充数"中的南郭先生，他一开始混入乐队，但他并不知道要让自己变得有真才实学，从未勤加练习，否则的话，在新国王欣赏乐师的乐技时，他说不定能脱颖而出，被国王所器重，而不是像最后那样落荒而逃。

　　但是，机遇几何？若没遇到，那么有才华的人就应该在一旁扼腕叹息吗？答案是否定的。我们应该像毛遂一样，去向平原君请求将他放入麻袋中，使他的针尖能够突显出来，而结果也的确证实了毛遂的实力。

陈雨升几次想应聘这家著名网站的文案策划都无疾而终了——寄出去的应聘信如石沉大海、杳无音信。他知道，自己缺乏的是专业背景和从业经验，所以连面试的机会都没能得到。

他想直接闯关找网站CEO谈一谈，可电话打到网站总机后，前台小姐无论如何不肯把电话接进去。他又问CEO的电子邮箱，前台小姐还是不告诉他："CEO的电子邮箱保密，不能告诉外人。"

陈雨升根据该网站员工使用的企业邮箱的命名法，推测出CEO的电子邮箱可能是他的英文名再加出生年份。于是，他在@之前写下CEO的英文名和出生年份，用"让从业经验见鬼去吧"这样"耸动"的话做标题，洋洋洒洒地写下一篇挑战该网站的文章，言辞颇为激烈。又引用了《让从业经验见鬼去吧》这篇流传很广的文章中的观点，对该网站以从业经验限制应聘者的做法提出挑战："如果应聘者有功底、有悟性、有韧性，可以高声宣布：'从业经验让我的思维僵化，让从业经验见鬼去吧！'"

Mail发出后8个小时，陈雨升收到了网站CEO的回复。他获得了面试机会，再后来，他如愿当上了网站的文案策划。

有一种说法认为"机遇可遇而不可求"。其实，机遇的产生也有其内在规律。如果你有足够的勇气，睿智的脑袋，敏锐的观察力、判断力，机遇也可以被"创造"出来。善于等待机遇，抓住机遇是一种智慧，创造机遇更是　种大智慧。

成功和失败只有一线之隔，不经意中我们就会跨过界限，而我们也常常站在这界限上，自己却浑然不知。多少人只要他们再多付出一点努力，再多一点耐心，就会取得成功，而在这紧要关头他们却无可奈何地选择了放弃。就像卡耐基总结的那样："最成功的人并不是最聪明的人，而是善于把握良机，决不放弃的人。"

有两家鞋厂分别派了一位推销员到太平洋上的一个小岛推销鞋子,这个岛地处热带,岛上居民一年四季都光着脚,全岛上找不出一双鞋子。一家鞋厂的推销员很失望,给公司本部拍了一份电报:"岛上无人穿鞋,没有市场。"第二天,他就回国了。而另一家鞋厂的推销员看到这个岛上无人穿鞋,心中大喜,他住了下来,也立即给公司拍了一份电报:"岛上无人穿鞋,市场潜力很大,请速寄100双鞋来。"

等适合岛上居民穿的软塑料凉鞋寄到岛上,这个推销员已与岛上的居民混熟了,他把99双凉鞋送给了岛上有名望的人和一些年轻人,自己留下了一双穿。因为这种鞋不怕进水,又可保护脚不受蚊虫叮咬和石块戳伤,岛上居民穿上之后都觉得很舒服,不愿再脱下来。时机已到,推销员马上从公司运来大批鞋子,很快销售一空。一年后,岛上居民就全部穿上了鞋子。

岛上的居民从不穿鞋,这对于鞋厂的推销员来说,就有两种可能,一种是鞋子卖不掉,没有市场,另一种就是这个市场可以开拓出来,让岛上的人都穿上鞋。在这种机会均等的条件下,这两位推销员作出了两种截然相反的判断,所以就采取了相反的策略和努力,也就出现了两种截然不同的结果。

有位哲人问:"成功的秘诀是什么?"

有人说:"在于机会。"

也有人说:"在于把握机会。"

又有人说:"在于创造机会。"……

其实,一切的成功都取决于把握和创造机会的能力和过程。而且现实往往是弱者等待机会,强者创造机会,这样一来,机会面前,便高下立现,而命运也往往迥然不同。

有人曾说过,一个人的成功与否,取决于他的人生态度。凡是成

功者，始终用最积极的思考、最乐观的精神来支配和控制自己的人生。而失败者则恰恰相反，他们的失败，完全在于他们的人生态度：对待生活、对待别人、对待事物的态度。

失败者，往往不从自身的人生态度去寻找失败的原因，总以为他们的境遇是别人造成的，环境决定了他们的人生位置，他们无法改变自己的命运。他们不知道，如何看待人生，全由他们自己的态度决定。他们不懂得成功是正确思维的结果，成功的要素掌握在他们手里。一个人成功与否，并不受人的其他因素影响，而受他自己的人生态度所制约。

任何时候都不能以消极的态度对待生活，消极的态度，无异于尚未动手就举手投降，自己为自己设置了无法逾越的障碍。积极的态度是：面对困难，要看到光明，要勇于挑战生活，把不利因素看作是考验自己人生价值的难题，通过奋斗，解决难题，使自己得到锻炼。

别在机遇中迷失自己

善于抓住机会的人也善于把握自己的命运。他们让命运按照自己的意志改变，他们主宰命运而不受命运的摆布。相反，错过了太多机会的人便只好做命运的奴隶，他们抱怨命运的不公，慨叹自己的命苦，却无力改变命运。

你所关心的应该是如何开始行动并坚持走下去。

每一个人自懂事时起好像并没有刻意去学习怎样吃饭，怎样穿衣，怎样干活，怎样相处，而基本上是承袭了前辈的生活方式。人们的确比较容易学会生活，但同时这些成规也给人们一种错觉，好像人本来就如此生活的，而且将来也是如此生活。这就使人们安于一种现状，陷于保守，养成惰性。有这么一个故事：

一只青蛙每天都保持一个姿势，蹲坐在火山附近池塘中心的一片叶子上。它已经太习惯这个姿势，以至于都懒得跳起来去捉唾手可得的飞虫。甚至当池塘其他地方的青蛙从四面八方赶来告诉它有食物可觅的地方时，它还高高地仰着头，甚至嘲笑它们。所幸的是，它练就了伸长舌头从空中捕捉飞虫的技术——几乎不用挪动它的脚。

终于有一天，火山爆发了，池塘里的水开始沸腾，这只青蛙的脚被烧焦了，可它还是不肯挪动地方。结果，这只青蛙活活被喷发的大火灼烧而死。

这只可悲的青蛙，它顽固地坚守着自己的惰性，却因此而丧了性命。其实，逃命很简单，它只要跳一下，轻轻跳一下，无需多大的气力，就可以让自己到达安全的地方，从而避免这种厄运。

而有时候人类又何尝不像这只青蛙呢？总是过着一成不变的生活，以致形成一种思维惰性。这就容易形成因循守旧，看问题具有片面性，迷信权威，怕犯错误等心理特征。人类的思维除了有能动性与创造性的一面外，又有落后于实践而墨守成规的一面，常常是在无路可走的时候才想到应该改变，然而那只是一种消极逃避行为而不是正面迎接挑战。

爱情让人疯狂又让人无奈，当你错过了，也许永远不会再回到你身边。机遇来临时，如果我们没能把握住，稍纵即逝，一切难以重新再来。所以正在暗恋中的男女，爱上一个人，就大胆地说出来，用你的真

心换一世情缘，不要犹豫和彷徨。上天赐给你机遇让你们结识，结局已经不再重要，重要的是人生不要留下遗憾。

　　一个男孩在念高中暗恋上了一个女孩。女孩当时学习很好，一定会考个好大学。而男孩子学习成绩比较差，基本上是属于与大学无缘的学生。但男孩为了能与女孩子在一起，就开始默默努力，想等一起上同一所大学后就表白。

　　幸运的是他们考上了同一所大学。上大学后，女孩开始了缤纷的大学生活，入学生会、参加社团、做兼职……男孩看到女孩过得这么快乐就想再等等，于是他没有表白。

　　大二的情人节，他终于鼓足勇气去表白，却发现女孩手中正拿着一枝红玫瑰，于是他没有了把藏在夹克中的红玫瑰掏出来的勇气。女孩问，有事吗？他只结结巴巴地说："没，没有，我只是想找你开同乡会。"女孩失望地看着他，指着手里的玫瑰说是同班的同学送的。

　　大四毕业后，女孩回到小城，并很快就结婚了。男孩却一直都没有谈恋爱，放弃了留在大城市里，为了心爱的女孩毅然决然地回到了他们一起读书的小城。

　　在工作稳定后，别人看他这小伙子不错就经常为他介绍女朋友，他总是笑着拒绝。人们都以为他眼光太挑剔了，所以渐渐地也就没有人再自讨没趣。业余时间，他总是一个人看看书，回忆着美好的过去，他也不知道还要把这份感情守多久。有一次同学聚会大家都喝多了，有人开他们俩玩笑。说他近水楼台怎么没得着月？他笑着，什么也没有说，倒是女孩喝到了量，看着他开玩笑地说："没办法，人家看不上我啊！"女孩的话让他很是心疼，本来想告诉她他的爱。可是他觉得一切太晚了，这时他还不知道女孩的婚姻已发生了变故，她正在办离婚手续。

等到女孩离完了婚,他想终于可以说了,因为他知道了女孩原来也是爱着他的。他明白他们已经错过一次又一次,本来上天是先给的他机会,于是他决定不能在让自己心爱的人溜掉。

然而在他正要表白的时候他却被查出患了癌症,他年轻的生命已经走到了尽头,他不忍心让女孩为他分担痛苦。让本该属于他们两人的甜蜜生活刚刚开始就意味着结束。所以,他仍旧没有说。他想,让他带着这个秘密直到生命的尽头吧!

女孩来看他,表达了愿意照顾他的意思,他笑着说:"我看不上你,我要看上你早就表白了,何苦等到现在呢?"女孩的自尊心受了伤害,从此再不来看他。有时候,他会一个人在病床前发呆,看着窗外的树叶渐渐地飘落,只是,谁也不知道他曾怎样深爱过这个女孩,在这样的感伤情绪中,他只有等待人生的下一次轮回。

理想的伴侣真的就那么一个吗?还是有很多个呢?往往许多人在选择伴侣时,容易胡思乱想,不知所措,就是因为害怕一时做错决定。但不选永远不会知道结果,选择过后也许就会有新的生活。

诺贝尔文学奖得主萧伯纳说:"此时此刻在地球上,约有两万个人适合当你的人生伴侣,就看你先遇到哪一个。如果在第二个理想伴侣出现之前,你已经跟前一个人发展出相知相惜、互相信赖的深层关系,那后者就会变成你的好朋友。但是若你跟前一个人没有培养出深层关系,感情就容易动摇、变心。直到你与这些理想伴侣候选人的其中一位拥有稳固的深情,才是幸福的开始,漂泊的结束。"

毓儿是个温柔、美丽的女孩,身边的追求者趋之若鹜,她遇到了许多漂亮女孩通常都会遇到的一道选择题:就是在两个同样优秀的男孩子中应该选择谁?A禀性善良,只是内向和羞涩,不善表达。B长得帅气,性格开朗很幽默,很会讨女孩子喜欢。

其实，她比较倾向A，可她不知A对她的爱有多深。于是，她决定在情人节这一天做出选择。她想，要是A送来玫瑰跟她说，"我爱你"，那么，她就选A。如果是B呢，那就只好顺从天意了。

然而，残酷的现实总是不能遂人愿，有情人难成眷属。情人节那天，B送来玫瑰并说"我爱你"。A只给她送来一只鹦鹉，其他肉麻之类的话只字未提。一直看爱情小说都会掉眼泪，对缘分深信不疑的她彻底失望了，决定自己不在做一个相信什么爱情机缘的小女孩。第二天女友来访，她随手就将那只鹦鹉给了女友，并跟女友倾诉说："缘分叫我选择了B，这鹦鹉你拿去养吧。"

几天后毓儿偶遇女友，女友非常气愤地说，那只鹦鹉笨死了，无论我怎么教它，一天到晚它只会说"毓儿，我爱你"，你的魅力还真大，这鹦鹉算是彻底被你征服了。女友说的玩笑话，对她却像是一道闪电……那可是A给她送的呀！鹦鹉说的话，就是他的心里话啊。毓儿立刻拿出手机拨打A的电话……

世事纷扰，爱恨情仇。缘分的聚散，只在一念间：有心，即有缘；无意，即无缘。人们常说，机遇靠人创造。所谓缘分，何尝不是呢？

有许多人总是为机遇所困惑与苦恼，以至于生命不息、欲念不断、而忘了培养经营感情的能力才是幸福的关键。不要问到底谁才是我的，而是要看在眼前的伴侣关系中，我能做些什么？能成长到什么程度？若不能培养出经营幸福的能力，就算幸福降临在你身边，幸福依然会错过。

人与人相处的久了，就越容易麻木与忽视，而新鲜的"机遇"总是那么扣人心弦。千万不要随便在偶然的"机遇"中迷失了自己，错放了幸福温暖的手。

抓住机遇，踏实苦干

英国作家夏洛蒂在完成巨著《简·爱》成名之前，很少有人相信她会成为大作家。虽然她很小就表现出了对写作的兴趣，也认定自己会成为伟大的作家，可是身边的人都不支持她。父亲还告诫她说，写作这条路太难走，想要安心生活，就选择一份平常的职业吧。换句话说，在写作这个根本就不热门的行业里，一个女孩子是没什么出路的。

夏洛蒂不服气，她给当时著名的诗人罗伯特写信，阐述自己的想法。没想到两个多月后，她收到一封令人沮丧的回信，上面写道：文学领域风险很大，你只不过是一时冲动产生了遐想，但是这个职业对你并不合适。

面对大家的不信任，夏洛蒂没有灰心，她对自己在文学方面的才华依然自信，相信自己会在文坛脱颖而出。她坚持创作，终于写出了长篇小说《教师》《简·爱》，成为了公认的著名作家。她实现了从平凡走向非凡的蜕变，而她的秘诀就在于选择自己喜欢的，并克服障碍坚持到底。如果没有过人的眼光与胆识，也许我们都没有可能读到郝思嘉与白瑞特的故事了。写些文字，码码格子也是很平常的事，可是正是她对这种工作的热爱，使得她在平凡的事情中作出了非凡的成就。

世界建筑大师格罗培斯设计的迪斯尼乐园，经过三年的精心施工，马上就要对外开放了。然而，各景点之间的路，该怎样联络还没有具体的方案。施工部打电报给正在法国参与庆典活动的格罗培斯，请他赶快定稿，以期按计划竣工和开放。

格罗培斯是美国哈佛大学建筑学院的院长、现代主义大师和景观建筑方面的专家，他从事建筑研究40多年，攻克过无数个建筑方面的难题，在世界各地留下70多处精美的杰作。然而，建筑学中最微不足道的一点——路径设计，却让他大伤脑筋。对迪斯尼乐园各景点之间的道路安排，他已修改了50多次，没有一次是让他满意的。

接到催促电报，他心里更加焦躁。巴黎的庆典一结束，他就让司机驾车带他去乡间。他想清理一下思绪，争取在回国前把方案定下来。汽车在法国南部的乡间公路上奔驰，这儿是法国著名的葡萄产区，漫山遍野，到处是当地居民的葡萄园。一路上，他看到无数的葡萄园主，把葡萄摘下来，提到路边，向过往的车辆和行人吆喝，然而很少有停车的。可是，当他的车子拐入一个小山谷时，发现那儿停满了车。原来这儿是一个无人看管的葡萄园，你只要在路旁的箱子里投入五法郎，就可以摘一篮葡萄上路。据说，这是一位老太太的葡萄园，她因年迈无力料理而想出这个办法。起初，她还担心这种办法是否能卖出葡萄，谁知在这绵延上百公里的葡萄产区，总是她的葡萄最先卖完。她这种给人自由，任其选择的做法使大师深受启发，他下车摘了一篮葡萄，就让司机掉转车头，立即返回了巴黎。回到住地，他给施工部拍了封电报：撒上草种，提前开放。

施工部按要求在乐园撒了草种。没多久，小草出来了，整个乐园的空地被绿茵所覆盖。在迪斯尼乐园提前开放的半年里，草地被踩出许

多小径，这些踩出的路径有宽有窄，优雅自然。第二年，格罗培斯让人按这些踩出的痕迹铺设了人行道。1971年在伦敦国际园林建筑艺术研讨会上，迪斯尼乐园的路径设计被评为世界最佳设计。

在这个世界上，不知道怎么办的时候，选择顺其自然，也许是最佳选择。格罗培斯选择了最不出奇、最平凡的一个方案，却获得了惊人的效果。

事情往往就是这样，越是追求与众不同，追求超越别人，就越适得其反；但是如果放一放，用最简单、最平凡、最不出奇的方法，反而就会得到意想不到的惊喜。

反过来想，建筑与园艺设计不过是最平凡的事，但是正是由于格罗培斯踏踏实实地在其中琢磨，才奠定了他在业界坚实的地位。三百六十行，行行出状元，只要踏踏实实地去做、去钻研，一定能在平凡的工作中作出不平凡的成就。很多知名人物一开始也是做着默默无闻的小事，最后成就了非凡伟业。

1908年，年轻的希尔在上大学的同时，还在一家杂志社工作。因为他在工作上的杰出表现，被杂志社派去访问美国钢铁大王安德鲁·卡内基。卡内基十分欣赏这位积极向上、精力充沛、有闯劲、有毅力、理智与感情平衡的年轻人。他对希尔说："我要你用20年的时间，专门用在研究美国人的成功哲学上，然后给出一个答案。但是，我除了写介绍信为你引荐这些人外，我不会为你提供任何经济支持，你肯接受吗？"

年轻人希尔勇敢地接受了任务，然后，他在卡内基的引荐下，遍访了当时美国最富有的500多位杰出人物，对他们的成功之道进行了长期研究，终于在1928年，完成并出版了专著《成功定律》一书。《成功定律》这本书震动了全世界，曾激发了千千万万的人成功和致富。再过

了7年以后,希尔做了罗斯福总统的顾问。

阅读著作、采访、写稿件,不过是每一个文字工作者最平凡的工作,甚至不值一提,但是希尔却坚持做了下来,并不断琢磨,最终研究出了自己的结论,成了非凡的人物。如果你在平凡的工作中也能多一分踏实的心情,也一定能像希尔一样取得不平凡的成绩。

平凡的事情太多,我们要做的是做好平凡的事情使之不平凡。成功和失败只有一线之隔,不经意中我们就会跨过界线,而我们也常常站在这界线上,自己却浑然不知。多少人只要他们再付出一点努力,再多一点耐心,就会取得成功,而在这紧要关头他们却无可奈何地放弃了。坚持你平凡的生活,用心去感悟、去谱写,你就能收获不平凡的人生。成功只是一种可能性,不会自动变成现实,要把成功变成现实,需要付出艰苦的努力。

美国船王罗伯特·达拉有一位得力助手是位女士,最早她只是一名速记员。谈到她之所以能得到这个公司里所有女士都眼红的秘书位置时,罗伯特·达拉说:"我在最初雇用她时,她的工作只是听取我的口述,记录内容,替我拆阅、分类及回复我的私人信件。她的薪水同公司其他普通的职员没什么两样。但是,同其他普通职员所不同的是,用完晚餐后,她还常常回到办公室来,并且积极地做那些本来不是她分内的、也没有报酬的工作,并把她替我写好的回信和其他一些文件送到我的办公室来。她的能力增长很快,有时候替我写的信就同我写的一样。当我的秘书因故辞职时,我自然而然地想到了她,因为她早已做着这样的工作,并且早已有了这样的能力。我多次提高她的薪水,直到她的薪水是普通职员的四倍。但是,这是没办法的事,她已经使她自己变得对我极有价值,是我的事业不能离开的帮手。"

秘书的工作再平凡不过,再琐碎不过,但是这位女士却认认真真

地做，不仅做好分内事，还做了很多分外事，正是她这种勤奋、踏实的精神，将枯燥无聊的秘书工作做得越来越好，并实现了自己人生的飞跃。如果没有这种心境，反而每天坐在那里抱怨工作太琐碎、太无聊，那么要不了多久，你就连这份无聊的平凡工作都没有了！

有一个18岁的男孩来到钢铁大王卡内基的建筑工地打工，别看他只不过是个乡村孩子，干的又是杂活儿，可是他志向不小，要做最优秀的人。

白天干活很累，到了晚上同伴们要么闲聊，要么喝酒，要么聚在一起抱怨一下公司的待遇和其他八卦话题。唯独他躲在角落里看书。一天，他又在看书，恰巧晚上来抽查工作的公司经理看到了这一幕，便问他学那些东西干什么。男孩儿礼貌地回答道："我觉得公司并不缺少打工者，而是缺少既有工作经验、又有专业知识的技术人员，以及优秀的管理者，对吗？"

在场的人都付之一笑，以为他在说大话。可是男孩却回答说："我不是只为了赚钱，也不是在为老板打工，而是在为自己的梦想打工，为自己的远大前途打工。"

经理很赏识这个小男孩的志向和胆识，就破例让他到公司里发展，不在工地上干杂活了。后来，小男孩通过自己的不断钻研，一步步升到了总工程师、总经理，最后被卡内基任命为了钢铁公司的董事长。最后，他终于自己建立了大型的公司，并创下了非凡业绩，实现了从一个打工者到创业者的飞跃。

他就是伯利恒钢铁公司的董事长齐瓦勃。

一个小男孩，能在平凡简单的工作中发现价值，并为之不懈努力，那作为年轻有为的人又该怎样呢？拿起手边的工作，即便再平凡、再单调，请你摆正心态、用心做好，上苍总是奖赏踏实做事的人，总有

一天你会从平凡走向非凡。

人生是平淡无奇的,如何能让平凡的人生变得非凡呢?这就需要你综合所有的能力,练就非凡眼光,抓住机遇,踏实苦干,为自己积累走向非凡的筹码。

靠悟性登上机遇的"快车"

成功者不仅眼光敏锐,而且能够通过悟性发挥优势,进退自如,运筹帷幄,这样才能在残酷的市场竞争中处于不败之地。

侯晓军就是这样一个有着超乎常人的商业意识的人,在他下岗的那一年开始了白手起家。他卖过电风扇,干过印刷,最后在汽车装饰领域成就了自己人生的梦想。

自打高中毕业后就在西安电讯元件厂工作的他,从学徒到班长、工段长,直到车间主任,一干就是20年。侯晓军说,他做梦也没想到自己会下岗。下岗后整整两个星期,他足不出户,不是蒙头大睡,就是灌酒。

这时,侯晓军的一位朋友给他提供了一个活儿。这位朋友手里有一批积压的菊花牌落地电扇,让他推销,每卖出一台可收入10元。在国企待惯了,哪会推销?但是不走出去又能怎么办?尽管从没干过推销的活儿,但为了生存,侯晓军还是决定试试。他挨家挨户地上门推销,可大多数人还没等他把话说完就摆摆手拒绝了。七月的西安热浪滚滚,侯

晓军背着一个大挎包，在西安繁华的市中心，一家一家商场挨着询问。半个月过去了，侯晓军没推销出一台电扇。直到七月下旬的一天，在解放路一家综合商店里，一位女经理询问了价格和进货渠道后，竟当场订货200台，并要求第二天送货。侯晓军几乎是一路跑回朋友处去提货的。尽管因故他只提了100台，但也净赚了1000元，这比他当车间主任时400多块钱的月薪高出一倍多。

年仅40岁的侯晓军怀揣家人凑的1000元钱只身来到深圳。由于在深圳没有一个熟人，又年届40，仅是高中毕业的侯晓军直到年末整整60天仍没找到一份工作，而身上的钱已所剩无几，"尽管没有挣到钱，可我从来没有放弃的念头，总想着会有机会的"。

6个月后，一家小型彩色印刷厂聘用他为"经营部经理"，实际上就是干推销。老板给了他一辆破旧不堪、除了铃不响别的地方都响的自行车。他就骑着这辆老爷车每天穿行于深圳的大街小巷。有了以前的推销经验，侯晓军这次老到了许多。他敏锐地发现，对没有什么技术力量的小彩印厂，大批量的矿泉水瓶是主要的业务机会。于是出现了这样的奇观，在深圳的大街上，一个中年男人骑着辆破自行车狂追一辆辆公共汽车，还不时停下来记着什么。侯晓军抄下车身上印的矿泉水厂家的电话进行联系，许诺他们印刷商标可以比现在商标的印刷价格便宜几厘钱，并保证质量。在其他同事疲于寻求印一两盒名片、包装盒、包装纸的机会的时候，他却拉到了大批的瓶装水商标印刷业务。印刷厂老板决定，让出厂里15%的资产作为侯晓军的个人股，并让他参与分红。这段痛并快乐着的经历磨炼了侯晓军的经营意识。他发现在深圳汽车装饰行业正在逐渐成为朝阳产业，眼皮子底下的一些小小的汽车装饰店很快扩展了规模。

后来，侯晓军回到西安。在深圳闯荡了一年多的侯晓军决定留在

西安发展。

当时在西安汽车美容装饰业刚刚兴起,进行汽车装饰装修的只有路边的几家小店。当时西安的汽车经销商在卖出新车后并不承揽新车的装饰装修业务,顾客在买车后得开着车满城去找汽车装饰店,但规模和服务都满足不了需求。

他多次连续数天守在汽车销售公司的门口,观察每天的销量。经过多次市场调查后,侯晓军决定放手一搏,把在深圳赚的5万元和向亲戚借的3万元钱全部投入汽车装饰公司。侯晓军的"陕西猴王汽车装饰有限公司"第一家店开业了,公司连侯晓军在内仅有6名职员,不比其他店醒目多少,如何才能招徕生意呢?

通过调查,侯晓军发现,买车人一般都到大的汽车销售公司,图的就是信誉,要做汽车装饰,肯定也会比较相信这些销售点。另外要确保买主把买车和装饰、装修就近一次完成。

于是,侯晓军找到西安当时最大的汽车经销商长征机电公司,要求在机电公司的汽车销售点租赁一块地方,设立陕西"猴王"汽车装饰有限公司的业务点,"猴王"汽车装饰公司向机电公司缴纳租金,双方一拍即合。侯晓军这次真的把准了市场的脉,开店第一个月,收入就达到4000元。

随后,侯晓军继续通过这种方式进驻了陕西五大汽车经销点。稳定的客源带来了巨大的利润,短短一年多的时间,侯晓军的"猴王"汽车装饰有限公司与陕西省五大汽车经销商都建立了良好的关系,完成了资本的原始积累。

这种"服务跟进销售"的经营模式使公司一举成为陕西新车装饰装修行业中的老大。

但是,雄心勃勃的侯晓军没有沉浸在眼前的胜利中,而是饱含

激情地决定进军旧车装饰装修业。当时一些汽车装饰店"来一个宰一个",用伪劣产品冒充高档产品,侯晓军却坚持保质保量。他积极联络大型的单位车队,上门服务,提出与顾客"一次握手,永远是朋友"。他把顾客的资料全部输入电脑进行管理,保证服务质量,加强售后服务,并每年向所有客户发一封慰问信。服务到位,使公司业务量急剧上升,从一个不起眼的小公司发展成一个资产逾千万的集团公司。

是人创造了机遇,而不是机遇创造了成功,只要你不断地改变自己,提升自己,机遇自然会拜访你,成功也会与你有约。

世界上的万事万物在其发展过程中总会隐含一些决定未来的玄机。对于创业者来说,如果能够把握住这种玄机,就意味着创业者可以握住未来;把握住了未来,也就是把握住了成功。

创业者如何才能把握住事物发展中的玄机呢?这就需要创业者要对所有事物,特别是与自己关系密切的事物保持一种灵敏的触觉,这种触觉也就是一个人的悟性,如果有了这种触觉和悟性,就很容易把握住事物发展的玄机。

所以,对于创业者来说,在创业的时候一定要培养自己灵敏的触觉,一定要把自己的悟性培养出来,这样在机遇来到的时候,你就能够顺利地登上机遇的快车。

让"机遇触觉"敏锐起来

成功离不开机遇,当机遇蓦地降临时,敏锐的头脑就显得更为重要。机遇总是照顾那些有心人,它总是在那些无意留心的人身边匆匆溜走。当然,有心还要有魄力和决心,假如你觉得这是一个机遇,却总是瞻前顾后,犹豫不决,生怕失败了会血本无归,那么,你怎样期待它停留下来都是无济于事的。有些人认为,一些人之所以不能成功,并不是因为没有机遇,并不是得不到命运之神的垂青,而是因为他们太大意了。他们的大意使他们的眼睛浑浊而呆滞,因而机遇一次一次地从他们的眼前溜走而自己却浑然不觉。

对于某些想要成功的人来说,要想捕捉机遇,就必须擦亮自己的眼睛,只有这样,才能够在机遇到来的时候伸出自己的双手。成功的人之所以能够每每抓住成功的机遇,完全是因为他们在生活中处处都很留心,他们具有一双捕捉机遇的慧眼,当机遇来临的时候能迅速地做出反应,从而把机遇牢牢地抓在自己的手里。

在美国,有个年轻人长期受到老板的戏谑、同事的嘲讽,这让他十分沮丧,情绪一度低落、压抑,到最后竟然得了抑郁症,为此,他不得不去看心理医生。

医生给了他一个奇怪的建议,他说:"如果你想发泄你心中的怒

火,我们会为你提供一项特殊的服务,只需要20美元你就可以获得一次发泄的机会,我们玩一个'报复者'游戏,你可以随便打我身体的有效部位,直到你认为满意了为止。"

这个年轻人觉得很奇怪,但是也觉得很有趣,不禁给了他某种灵感。他想原来打人甚至发泄也可以赚到钱,于是他就找了做玩具的朋友说了自己的主意:是否可以做一种让人们发泄的玩具,让那些平日里在现实生活中受到各种难以忍受压力的、想发泄而又不能直截了当地发泄的人得到满足。

这个主意得到了朋友的赞许,于是两个人合力研究出了一种"报复者"玩具,玩具一上市,果然受到不少人的青睐,销路出奇地好。他们又开设了一家专门供人们泄愤的"发泄中心","中心"里面摆放着各种各样的供人们去打、翻滚、怒吼的假想对手,只要关上门任由你发泄,直至筋疲力尽、闷气泄尽为止。生意十分兴隆。

一次偶然的看病机会,给了这个年轻人无限的灵感,拨动了他敏锐的触觉。因为他知道,像他这样的每天都在紧张繁重的生活中度过的人很多,他们需要放松自己,需要让自己成为主角,而不是每天都在压力中度过。

有些人天生就有一种敏锐的触觉,与生俱来地有一种观察的兴趣和能力,他们很在乎身边人的一言一行,把观察当做一种随心所欲的事情来看待,而不是把它当做一种责任。

只要我们有心做一个具有敏锐触觉的人,只要我们在后天的实践活动中不断培养,也是一样可以形成这种敏感度的,任何人只要勤奋努力就能拥有。拥有了敏锐的触觉,我们创业的步伐就会加快,我们离成功致富的彼岸就会更近。

那么,触觉与成功致富又有什么必然的联系呢?在一般人眼里,

这两者似乎很难联系起来。其实并非如此，我们常说创业的人要善于抓住机会，机会真正来到你的面前时，你靠什么来判断它是不是真正的机会呢？靠的是敏感的触觉，如果你没有敏感的触觉，机会也许就会和你失之交臂。

我们还经常说，善于创业者也是最善创新的，创新固然需要有创新的意识和能力，但创新的目的是什么呢？难道仅仅是为了创新而创新吗？肯定不是。创新是为了使自己的创新成果能够有用于社会，并能为自己创造可观的财富。

对于那些想在商海闯荡、欲创办自己企业的创业者来说，敏锐的触觉，特别是敏锐的市场触觉更是不能缺少的重要素质之一。

王填出生在湖南省湘乡一个偏僻的小山村，他家祖祖辈辈都是农民，生活过得非常艰苦。为了摆脱那种面朝黄土背朝天的日子，从小就非常懂事的王填努力读书，决心改变自己的人生。

王填不负众望，考上了湘潭市商业学校。当时，读商业学校的学生有许多是有钱人家的子女。可是王填并不嫉妒，他反而想：花父母的钱不算本事，靠自己能力挣钱才算真本事。一天，王填去商店买课本，听到店老板与顾客为没有热水瓶胆而争执。聪明的王填动了下脑筋一想，专门卖热水瓶胆肯定能挣钱。

王填在做热水瓶胆销售上开始了小范围内的攻城略地，两年来他几乎将湘潭市大中专院校的热水瓶胆生意垄断了。

毕业后的王填来到"南北特食品公司"上班，半年后他从一个打杂工变成了采购员，负责公司的食品采购工作。王填又因业务突出，被公司任命为业务科长。在王填的努力下，把金龙鱼油、雀巢咖啡从合资企业引进湖南来，甚至长沙商家也都来"南北特食品公司"进货，这在全国的影响很大。

后来，王填主动要求下岗，决定继续做食品零售。他借款5万元成立了"湘潭市步步高食品公司"。当时做食品批发，5万元顶多能进半车植物油。要想改变这种状况，只能做新产品。选来选去，王填选择先做方便面生意。经过一系列谈判工作，王填拥有了中国台湾"统一集团"方便面在湘潭的经销权。

"统一"方便面运到湘潭后，销售势头出奇地好。有一次王填去离湘潭不远的湘潭县作市场调查，发现"统一"方便面在湘潭县城寻不到踪影。于是改坐销方式为推销。在推销的方式下，不出半年他就建立了800多家分销终端网络，取得了众多供应商的支持。"步步高公司"的名气越来越大。

为了引进金龙鱼的经销权，可让当时资金紧张的王填费尽了脑子。想来想去，王填终于想到了好方法，与另外一商家合作，互相支持，于是王填又很快把金龙鱼的经销权抢到了手中。

一天，王填发现了一条并不显眼的消息：羊城即将筹办一个中国零售业的高层研讨会，主要探讨中国国营零售业的发展之路，以"发展连锁超市是中国零售业的发展方向"为主题。王填感受到"连锁超市"就是自己公司的经营理念和发展目标，他决定在湘潭办超市。

回到湘潭后，王填马上进行市场调研，选择了市中心地带的超市，"步步高解放店"正式开业前的那天晚上，王填没有睡好觉，他一直为开业生意能否火爆担忧。令王填高兴的是，开业时店门还没打开，门外已是人山人海了，挤得水泄不通，看到如此令人心动的场面，他感到又一次赢了。

"步步高"连锁超市生意的火爆，让湘潭其他商家看到了商机，从而引发了新一轮的商业竞争。为避免恶性竞争，王填决定在中小城市寻求发展，时机成熟时再向大城市进军。以仓储式购物、低成本运作、

低价格经营的"步步高"岚园量贩广场开张了。

王填又创造了湘潭商业的一个奇迹。几年来，王填将公司发展成湖南省最大的连锁超市之一，分店遍布全省各地。

王填在事业上是个永不满足的人。他有自己的经营梦想：希望能把"步步高"做成中国的"沃尔玛"。

西方有句谚语："幸运之神不会眷顾你两次。"没有人能够一而再地遇到好机会，一旦得到，就要好好把握，千万不可任由它轻易溜走，真正的良机确实很少重现。

生活中并不是缺少财富，而是缺少发现财富的眼睛，这样的道理同样也存在于创业的每一个阶段。只要你是一个善于捕捉机遇的人，哪怕在喝茶的时候，我们也一样可以发现财富和金子。机遇是靠自己去争取的，如果你的人生因为你的独具慧眼而变得更加精彩和有分量，那你愿意错过现在身边潜伏着的一次次机遇吗？

第六章

及时抉择，喝彩终生

在人生的道路上，选择要比努力重要得多。如果我们在选择上出现了错误，那么所付出的努力就会付之东流，所取得的效果也会是事与愿违、南辕北辙。所以我们在做事之前，要保持清醒的头脑，用理智的心态去分析和辨别，作出有利于人生大格局的选择；不能被一些事物的表面现象或者是主观情绪所迷惑，因作出错误的选择而抱憾终生。

选择决定人生

每个人都希望有一个美好的明天，每个人也都对未来充满了无限的憧憬。但是，我们应该知道，美好的明天绝不是通过幻想就能得到的，它取决于我们今天的选择。只有有了正确的选择，才能够描绘出美好的未来蓝图，才能够让明天变得更加辉煌。

有这样一个故事：

有三个人被同时关进了监狱。在进监狱之前，监狱长答应他们可以满足每个人一个要求。甲喜欢抽雪茄，于是就要了三箱雪茄。他认为这下子监狱生活就不会太枯燥了。乙喜欢玩浪漫，他就要了一个美丽的女人。他觉得，只要有了美女的陪伴，监狱生活也会变得多姿多彩。丙却向监狱长要了一部可以与外界交流的电话。

几年之后，他们出狱了。第一个冲出来的是甲，他的嘴巴和鼻孔里塞满了雪茄，他走出门口，就气急败坏地大声喊："给我火！给我火！"狱警们看了，忍俊不禁，纷纷嘲笑他考虑不周，只知道要雪茄却忘了要火。接着出来的是乙，只见他愁眉苦脸地一手牵着一个小孩，跟随在他身后的那个女人挺着个大肚子，同样也是愁眉苦脸的，早已没有了当初的万种风情。狱警们看到之后，又是一番大笑：等他们出狱之后，恐怕要为养活这几个孩子而辛苦操劳了。最后出来的是丙，他满面

春风地走出狱门,见到监狱长之后就紧紧地握住他的手说:"感谢你对我的照顾。尽管这几年我一直呆在监狱里,但是我却用电话和外界一直保持着联系,我的生意不但没有停止,反而又有了很大的发展。为了报答你,我决定送给你一辆宝马车和一栋别墅!"狱警们看到之后,顿时对他充满了崇敬之情,感觉这个人实在是太伟大了。

这个故事告诉我们,明天的生活是由我们自己选择决定的。当我们选择了一时的轻松与惬意,那么明天等待我们的必定是痛苦不堪和疲惫不堪的生活;当我们选择了一个正确的目标之后,我们的人生才不会虚度,才可能拥有明天灿烂的阳光。

影响明天生活的,并不是物质的丰裕与否,而是我们今天的选择。生命中虽然有一些不确定的东西,但是我们却能够把它确定在一个大体的范围之内。如果我们对明天没有一个正确的规划,在今天作出了错误的决定,那么,将来就一定会让痛苦占据整个心灵。到了那个时候,我们也许就要在无限的遗憾之中度过。

李小龙1940年11月27日出生于美国三藩市,他的父母给他起了个名字叫布鲁斯·李。他的童年是在香港度过的。在他18岁那年,李小龙的父母决定将他送到美国留学。他进入大学之后,除了努力地学习之外,把精力都放在了练习武术上。

有一天,他在和一位朋友谈到梦想的时候,就随手在一张便笺上写下了这样的几句话:"我,布鲁斯·李,将会成为全美国最高薪酬的超级巨星。作为回报,我将奉献出最激动人心、最具震撼力的演出。从1970年开始,我将会赢得世界性声誉,到1980年,我将会拥有1000万美元的财富。那时候,我与家人将会过上愉快、幸福的生活。"

当时的李小龙生活非常贫困,但是他却并没有因为贫困而放弃对明天的规划。为实现梦想,他以惊人的毅力克服了无数次让人难以想象

的困难。1971年，他终于获得了命运女神的垂青。他主演的电影《唐山大兄》、《精武门》、《猛龙过江》，一次次打破了香港的票房记录。1973年，在香港嘉禾公司和美国华纳公司的邀请下，他又主演了《龙争虎斗》，这部电影让他成为一名国际巨星，人们都称他为"功夫之王"。

后来，李小龙被称为"最被欧洲人认识的亚洲人"。迄今为止，他仍然是世界上知名度最高的华人明星。

李小龙去世后，在美国加州举行的"李小龙遗物拍卖会"上，李小龙写的那张便笺被一位收藏家用2.9万美元的高价买走。同时，这张便笺的2000份复印件也被抢购一空。人们购买这些东西的原因，并不只是因为对李小龙的热爱，而是深深地被他的精神感染。

李小龙成为了全球著名的功夫巨星，《大英词典》将他的"功夫"一词收入其中。这一切，都是李小龙在当初作出了正确选择的结果。在贫困潦倒的情况下，李小龙没有自甘堕落，未放弃对明天的追求，而是发誓要通过努力来赢得明天，最终，他取得了成功。如果当时他选择了别的道路，恐怕就不会有后来的成就了。

在现实生活中，有许多人就像一个梦游者一样，在漫无目的地游荡着。他们不知道自己需要什么，更不会想一下明天会是什么样子。这样的人生活在社会上，就像是一片随风飘曳的树叶，缺乏方向，最终只能无声无息地落在地上。这样的人是可怜的，也是可悲的，但是他们的可怜与可悲难道不是自己昨天种下的苦果吗？

我们每一个人要想拥有美好的未来，就应该把握现在、珍惜今天、选择正确的道路走下去！

不做自己人生的局外人

选择吃亏，坐拥幸福

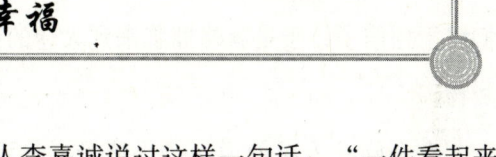

亚洲首富、香港著名商人李嘉诚说过这样一句话："一件看起来是吃亏的事，往往会变成非常有利。"这句话的意思就是在告诉人们，当自己受到了一些损失的时候，千万不要耿耿于怀，闷闷不乐，而是应该站在一定的高度上去看待眼下的得失。在很多情况下，暂时的"失"却是长远的"得"。

一个聪明的人从来不会因为眼下的失去而坏了心情，他们能够从大局上去把握。他们认为，天下没有白吃的亏，只要掌握得当，就一定能够将失转化为"得"，将来也一定能够得到比较丰厚的回报。因此，他们在生活中不但不去计较眼下的损失，还经常主动地去"吃亏"去"失去"。

大仓喜八郎是日本19世纪著名的商人。他曾经开了一个小商店，专门经营海产品。有一年，日本发生了大饥荒，很多人沦落街头，乞讨度日。日本政府为了赈灾，就在大仓所住的地方设了一个救济站。但是由于僧多粥少，很多市民排了很长时间的队也没能领到一碗大米。

看着面黄肌瘦的灾民们，大仓的心情十分沉重。他在和灾民的交谈中了解到，政府虽然救济给了他们一些大米，但是他们却没有钱买菜，吃饭的问题也就无法解决。

大仓看着长长的灾民队伍，终于作出了一个决定。他来到灾民的队伍前，大声地对他们说："我店里的货物，全部送给你们了，你们请随便拿吧，能拿多少拿多少！"他的话刚落音，许多人都用不解的眼光看着他。按照常理来说，大灾之年正是商人们乘机抬高物价巧取豪夺的好机会，而他却慷慨地把店里的商品全部赠给那些灾民，难道是吃错药了？大仓看着发怔的人们，就抬高声音又重复了一遍刚才说的话。灾民们终于相信了，于是就蜂拥着来到大仓的商店里，毫不客气地去拿那些货物。

有个好心人对他说："小伙子，你不抬高物价就算不错了，但把商品免费送给他们，是不是发疯了？"大仓笑着解释说："我并没有发疯。您想想，这些灾民穷得连饭都吃不上了，哪里还有钱去买我的货呀？如果我一直把他们放在货架上，早晚都要发霉变质，我也挣不到钱。但是，灾民们却需要这些东西，我能够尽自己最大的能量去帮助他们，难道这不是一件好事吗？"别人听了这番话之后，都非常感动。灾民们拿到东西之后，都不忘向别人打听他的名字，向他深深地鞠躬表示感谢。

灾荒过去之后，大仓喜八郎对商店经过了一番整顿，又重新开始了他的事业。由于他在灾荒时对大家的照顾，很多人都记住了他的名字，也非常愿意光顾他的店铺。他的生意因为有着大量的顾客光临，就越做越好，店铺也越来越大。很快，大仓喜八郎成为了当地有名的富商。后来，他又成为了明治时期最有名的商人。

大仓喜八郎不仅没有在大饥荒时抬高物价，反而主动地把店铺里的商品无偿地送给饥民们。在一些精明者的眼里，这无疑是愚蠢之举。事实上却并非如此，大仓喜八郎虽然失去了暂时的发财机会，但是却赢得了好的名声，最终他依靠着良好的声望成为了富翁。那些鼠目寸光

斤计较的人，最后却成了默默无闻的平庸之辈。

狄更斯曾经说过："我所收获的，正是我所种植的。"如果在蝇头小利上过于计较，你就会失去更多。只有从长远出发，乐于吃亏，善于吃亏，你才能收获更多。

选择正确地付出

19世纪，意大利一个叫帕列托的经济学家对付出与收益的关系提出了一个"二八法则"。他这样说："你所完成的工作里，80％的成果来自你所付出的20％。"也就是说，努力虽然重要，但更重要的是做事的方法。如果方法不对的话，哪怕你付出百倍的努力，也将难有一点收获。

在做事的时候，我们需要执著的态度，但是更需要选择正确的方法。在态度和方法中，后者要比前者重要得多。因此，我们应该学会调整自己的思维，把用在盲目努力上的时间转移到寻找方法上来，尽可能地用最简单快捷的方式来达到追求的目标。成功就像是大门，而正确的方法就是打开那扇大门的钥匙。

曾经有这样的一个故事，用夸张的方法折射出了一些人真实的生活状态。

在很久以前，有这样一个人，他非常勤劳，也很能吃苦，但是却始终过着衣不遮体、食不果腹的日子。

有一天，这个人来到了一个财主家里做工。由于他干活十分踏实，财主非常喜欢他。于是，财主就非常高兴地送给了他一只死骆驼，让他带回去改善一下生活。这个人把死骆驼拉回家里之后，就开始给骆驼剥皮。但是，骆驼非常大，皮也非常厚。他第一次做这样的事，感到很生疏。他拿着小刀一点一点地剥，没有多长时间，小刀就钝了不少。他只好拿起小刀跑到阁楼上找到一个磨刀石，等磨完刀子之后，就继续跑到楼下去剥皮。但是，刀子一会儿又不快了，他只好再次跑到楼上去磨刀。就这样，他几次三番地来回跑着，最终累得气喘吁吁也没有把骆驼皮剥完。于是，他就开始想办法了。

过了好大一会儿，他终于想到了一个自以为比较好的方法：他把骆驼拉到阁楼上，就着磨刀石剥皮。但是，他拉着骆驼上楼的时候却发现楼梯太窄，根本就无法通过。于是，他就用绳索捆绑骆驼，然后再把骆驼从窗户吊上去。忙完这些之后，他高兴地擦了擦额头上的汗水，欣慰地笑了：这下就不用再跑上跑下瞎耽误时间了，磨刀也就方便多了。

在所有的方法中，这个人用的办法是最笨最没有效率的一种。等到把骆驼皮剥完之后，恐怕他就已经瘫倒在地了。这个人自以为聪明，却没有想一下，直接把磨刀石拿到楼下去不是更方便吗？他的这种所作所为，就好比走路一样，明明可以抄近路达到目的地，他却站在原地转圈子，最后累得七上八下也没有达到目的。

我们每个人的脑海里都有这样一个认识："不劳动者不得食。"这句话并没有什么不对之处，毕竟，劳动创造了人类，推动了社会的发展，在劳动中我们能够创造财富，也能够得到相应的回报。但是，如果你把这句话理解成了"付出就一定有回报"、"吃得苦中苦，能为人上人"就未必正确了。在做事的时候，如果不得其法，即使用上了吃奶的

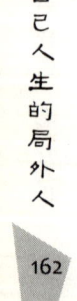

力气,恐怕也会没有什么收获。在现实生活中,有很多人一天天累得疲劳不堪,却仅仅能够让自己糊口,这并不是因为命运的捉弄,而是他们不懂得选择好的方法。

美国统计学家爱德华兹·戴明博士,根据多年的数据分析证明,在所有的失败中,有94%的人是因为方法出现了问题。在错误方法的影响之下,很多人走上了劳而无功的怪圈。

在大学的课堂上,教授在一张桌子上放了一块蓝绒珠宝衬垫。然后,他又在中间放了一个珠宝商常用的放大镜、一把特殊的镊子和50颗晶莹闪亮的钻石。

他对听课的学生们说:"这50颗石头里面并不都是钻石。这里面仅有一颗是真的,其他的49颗全是人工钻石。如果现在有人能够找到这一颗真钻石的话,我就把这颗真钻石送给他。怎么样,有人愿意上来试试吗?"

学生们都轰动了,纷纷举起了手,跃跃欲试。教授示意他们安静下来,对他们说:"好吧,你们每个人都有一次机会,不过只能试一次,每次只有60秒的时间。"

学生们轮流走上讲台,都瞪大眼睛寻找那颗真钻石,然而60秒钟过去了,他们又都垂头丧气地回到了原来的位子上。全班几十个人没有一个能够寻找到那颗真钻石的。他们不甘心,希望教授能够把分辨出真假钻石的方法告诉他们,教授答应了。在时钟的滴答声中,教授开始将每一块石头翻过来,让琢面向上,平面向下。他用了49秒钟的时间把所有的石头都摆放成了这个姿势。然后他又用剩下的时间,从上向下看着这些石头,很快就用肉眼找到了真钻石。教授完成这些工作之后,才发现仅仅用了53秒的时间,并且过程也显得十分简单。

这是为什么呢?这是因为所有的人造钻石都是一个"模样",完

美无瑕。只有真钻石上面有一个瑕疵——有一小块叫做内含物的碳。因为这个瑕疵很显眼，所以仅仅靠肉眼就能很快地分辨出来。学生们看到之后，纷纷张大了嘴巴，同时在想："原来这么简单！"于是，他们又骚动起来，纷纷表示再试一试找出真钻石。

教授却摇了摇头拒绝了他们的要求，他说："机会只有一次，你们已经没有机会了。因为你们不知道这种方法，所以就一无所获，而我却知道这种方法，因此我每次都能很快地找到钻石。"

选择了正确的方法，就能取得事半功倍的效果，如果方法选择错误，那么就会出现事倍功半、南辕北辙的现象。

我们在追求目标的时候，需要坚持不懈的精神，但是坚持不懈并不代表着撞到南墙不回头，当我们遇到一些困难和问题时，如果经过多次努力也不能解决的话，就应该冷静下来，开动脑筋，寻找一个正确的方法。只有方法对了，我们的付出才能得到相应的回报。毕竟，我们追求的是让20%的付出得到80%的收益，而不是付出80%努力只得到20%的回报。

选择自己终生感兴趣的事业

在生活中，有很多人在选择工作的时候喜欢盲目跟风。他们从报纸或者是网络上看到哪个行业最热门、哪个工作工资高，就不加考虑地一头扎进去。他们认为，只有最热门的行业才是好行业，只有高

薪的工作才是好工作。但是，经过一段时间之后，他们却发现，这些工作并不适合自己，从而感觉到非常疲惫和苦恼。如果碰到了这种情况，就应该果断地选择退出，静下心来想一想，自己究竟适合干什么，喜欢干什么。

丰厚的薪水固然能对我们产生极大的诱惑，但是，薪水并不能代表一切。如果我们对所从事的工作没有兴趣，那么，薪水再高也会让我们对工作感到索然无味。如果仅仅为薪水工作的话，恐怕，一个人就没有多大的发展空间了。

通过对大部分成功者成功经验的分析，我们很容易就能总结出这样一个现象：他们所从事的未必是最热门的行业，但是都选择了自己最感兴趣的工作，最后才获得了成功。我们可以这样说，成功者的成功是和他们的兴趣紧紧联系在一起的。因此，我们在选择工作的时候，就应该选择自己最感兴趣的工作来作为终身的追求。

多普达前总裁兼首席执行官李绍唐，在高中毕业后，考上了台湾淡江大学数学系。他在数学系里的成绩非常优秀，但他觉得，数学专业不能给自己带来光明的前途。李绍唐的父亲早逝，清贫的家境让逐渐懂事的李绍唐认为，只有通过自己的努力，寻找一个热门的行业，将来才能"赚大钱"。于是，第二年，李绍唐打算转入英文系，因为他觉得自

己的英文水平还可以。系主任问他转系的原因，他非常坦白地说："我以后要赚大钱。"系主任笑着对他说："那你应该从事自己最感兴趣的行业，去念国际贸易系。"此后，李绍唐果真转到国际贸易系，他觉得凭自己的性格，将来非常适合在商场上打拼。

大学毕业后，李绍唐把求职目标锁定在外企，因为"那里薪水高，工作也比较适合自己"。他做了20份履历表，都投向有名的美商公司。最后，他等到了IBM的录取通知书。

进入IBM后，每隔三个月，李绍唐就会主动去老板的办公室问老板："我表现哪里不好？我怎么做才能得到甲等考绩？"在李绍唐的主动沟通与交流下。老板开始留意这个土生土长在台湾的平民小伙子，渐渐地放手交给他做一些重要的工作。李绍唐没有让老板失望，凭着自己的优势不久便升任高管。

后来，李绍唐辞掉IBM高管的资深经理人职位，担任了甲骨文（中国）华东区及华西区董事总经理；2005年10月，李绍唐加入多普达任首席运营官；2006年3月任多普达的总裁兼首席执行官。

李绍唐的成功，经过了长期的努力和不懈的坚持。但是，更重要的一点是，他知道自己的兴趣在哪里，选择了一个感兴趣的工作作为事业。

前苏联心理学家索尔格纳夫认为，在发挥自己的最佳才能时，不要把"想做的"和"能做的"以及"能做得最好的"混同起来。毕竟，有些事情，你能够做到，也有能力做好，但是未必就代表着你喜欢做和愿意做。如果仅仅把自己放在"能做的"位置上，那么，无论你从事什么样的职业，最多只能成为一个熟练的技术工人罢了。

世界首富比尔·盖茨说："做自己喜欢和善于做的事，上帝也会助你走向成功。"比尔·盖茨创办微软公司，并不仅仅是因为他看到了计算机行业具有广阔的发展空间，而是源于个人的兴趣。他在年轻的时

候,就十分痴迷计算机。在创业初期,除了出差、谈生意之外,他都会把自己留在办公室里充满激情地工作。正是因为他选择了终生感兴趣的事业,才有了后来的成就。

成功的诀窍很简单,那就是经营自己感兴趣的东西,经营感兴趣的东西才能够让自己的人生增值。

皮克斯曾是苹果公司的创始人之一,他本人对动画比较感兴趣,离开苹果公司之后,就准备从事动画事业。1986年,他以1000万美元向《星球大战》导演卢卡斯买下该电影公司的电脑动画部门,创立皮克斯动画制作室。经过一段时间的运作,工作室推出了史上首部完全以3D电脑特效制作的动画片《玩具总动员》。该动画片放映之后,整个电影界都为之轰动。接下来,皮克斯公司又推出了《海底奇兵》、《超人特工队》等动画电影,获得了业内人士的广泛好评。由此皮克斯也成为动画领域的霸主,同时皮克斯制作也成为了票房的保证。

当有人问及皮克斯成功原因的时候,他这样说道:"你必须要找到自己喜欢的工作。我确信,只要爱我所做的事情,未来就会是美好的。"

易趣网的创办人邵易波说:"一个人要成功的话,一定要找到自己最想做的事,当然这也是他最能干好的事,这样他就能够每天都很有劲儿地去工作,也容易成功……"选择自己热爱的事业,就能将自己的才能发挥得淋漓尽致,就能把繁忙的工作当成快乐的享受,把遇到的困难当成前进的动力。因此,我们在追求成功的过程中,除了要具备必备的努力和坚持之外,更要注意选择一个自己感兴趣的事业作为目标。

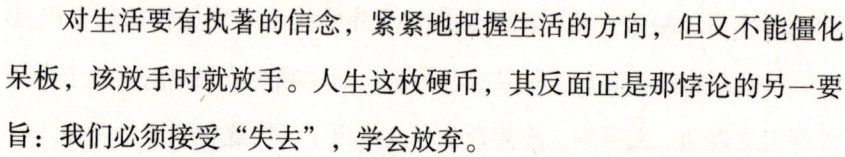

放弃也是一种抉择

对生活要有执著的信念,紧紧地把握生活的方向,但又不能僵化呆板,该放手时就放手。人生这枚硬币,其反面正是那悖论的另一要旨:我们必须接受"失去",学会放弃。

生活本是纯朴简单的,对善于享受简单和快乐的人来说,人生的心态只在于进退适时、取舍得当。因为生活本身即是一种悖论:一方面,它让我们依恋生活的馈赠;另一方面,又注定了我们对这些礼物最终的舍弃。正如先师们所说:人生在世,紧握拳头而来,平摊两手而去。

有一位住在深山里的农民,经常感到环境艰险,难以生活,于是便四处寻找致富的好方法。

某天,一位远道而来的商贩给他带来了一样好东西,尽管在阳光下看去那只是一粒粒不起眼的种子。但据商贩讲,这绝不是普通的种子,而是一种名曰"苹果"的水果种子,只要将其种在土壤里,两年以后,就能长成一棵棵苹果树,结出数不清的果实,拿到集市上,可以卖好多钱呢!

高兴之余,农民急忙将苹果种子小心收好,但脑海里立时又跳出另外一个问题。既然苹果这么值钱、这么好,会不会被别人偷走呢?于

是，他特意选择了一块偏僻的山野来种植这种十分珍贵的果树。

经过近两年的辛苦耕作，浇水施肥，小小的种子终于长成了一棵棵茁壮的果树，并且结出了累累硕果。

这位农民看在眼里，喜在心中。因为缺乏种子，果树的数量还比较少，但结出的果实也肯定可以让自己过上好一点儿的生活。

他特意选了一个吉祥的日子，准备在这一天摘下成熟的苹果挑到集市上卖个好价钱。

当这一天到来时，他非常高兴，一大早，他便上路了。

但当他上气不接下气地爬上山顶时，心里突然一惊，那一片红彤彤的果实，竟然被外来的飞鸟和野兽们吃个精光，只剩下满地的果核。

想到这几年的辛苦劳作和热切期盼，他不禁痛彻心扉，大哭起来。他的财富梦就这样破灭了。在随后的岁月里，他的生活仍然艰苦，只能苦苦支撑下去，一天一天地熬日子。

不知不觉之间，几年的光阴如流水一般逝去。

一天，他不经意地又来到了这片山野。当他爬上山顶后，突然被眼前的景象惊呆了。原来在他的面前出现了一大片茂盛的苹果林，树上结满了数不清的果实。

这会是谁种的呢？在冥思苦想之中，他仿佛觉得这片苹果树和自己有着千丝万缕的联系，又仔细一想，嗨，这不就是自己曾伤心过的果树林吗？

原来，这一大片苹果林都是他自己种的。

几年前，当那些飞鸟和野兽在吃完苹果后，就将果核吐在了旁边，几年过去了，果核里的种子发芽生长，终于长成了今天这一片更加茂盛的苹果树林。

现在，这位农民再也不用为生活发愁了，这一大片林子中的苹果

足可以让他过上富余的生活。

只不过，他转念一想，如果当年不是那些飞鸟和野兽们吃掉了这小片苹果树上的苹果，今天肯定没有这样一大片果林了。

一旦做出放弃的决定，就没有后悔、难过、痛苦的机会了，这就是它最令人无奈的残忍所在。而过程虽然比不上结局要承受的痛苦时间长，但它关系到结果，有时是更难度过的！人生是由许多许多的选择组成的，无数的人生门槛意味着无数的抉择，有抉择就有放弃，而结果不外乎两种，好的！坏的！逃避选择、不想放弃是不现实的，无论怎么样最后都要做出选择，哪怕不是想要的结果！

当考验来临时，我们都会面临抉择的艰难和痛苦……其实抉择不可怕，有时它是一种机遇、一种挑战，放弃后是何结果要看你如何去处理。明智的人能够善用放弃，能够把放弃原有的东西看成动力、挑战，以此去创造更美好的人生。

多年前，现年55岁的英国退役军人迈克·莱恩曾是一名探险队员。

20世纪70年代中期，他随英国探险队成功登上珠穆朗玛峰。而在下山的路上，他们遇到了狂暴的风雪天气。他们每行走一步都要付出艰难和挑战，最令人担心的是狂风暴雪有越来越大的迹象，此时，他们的食品已所剩无几。如果停下来扎营休息，他们很可能在下山之前就被饿死；如果继续前行，大部分路标早已被积雪覆盖，不仅要走许多弯路，而且每个队员身上所带的增氧设备及行李等物压得他们喘不过气来。步履缓慢，这样下去他们不饿死也会因疲劳而倒下。

在整个探险不知所措的时候，迈克·莱恩率先丢弃所有的随身装备，只留下不多的食品，提出轻装前行。

不过，他的提议几乎遭到所有队员的反对，他们认为现在到山下最快也要9天时间。这就意味着这9天里不仅不能扎营休息，还可能因缺

氧而使体温下降导致冻坏身体，这对他们的生命是极其危险的。面对队友的顾忌，迈克·莱恩很坚定地告诉他们说："我们必须而且只能这样做，这样的狂风暴雪天气半个月都不会好转，再拖延下去路标也会被大雪覆盖。丢掉重物，就不允许我们再有任何幻想和杂念，只要我们坚定信心，徒步而行就可以提高速度，也许这样我们还有生的希望！"结果，队友们采纳了他的建议，一路互相鼓励，忍受疲劳、寒冷，不分昼夜，只用8天时间就到达安全地带。确实，恶劣的天气正像他所预料的那样从未好转过。

多年以后，英国国家军事博物馆的工作人员找到迈克·莱恩，请求他赠送给博物馆任意一件与英国探险队当年登上珠穆朗玛峰有关的物品，不料收到的竟是莱恩因冻坏而被截下的10个脚趾和5个右手指尖。

正是因为他当年一次正确的放弃，才挽救了所有队友的生命；也由于这个选择，他的登山装备也就无一保存下来，而冻坏的指尖和脚趾却在医院截掉后留在了身边。这是博物馆收到的最特殊而又最珍贵的馈赠。

舍弃无谓，专注选择

俗语说"不怕千招会，就怕一招绝"，意思是做事情不仅要专而精，更要根据自己的特色做好选择。兵法云：伤其十指不如断其一指。这为我们在舍与得之间指明了前进的方向。无论做什么事，都不可缺乏

专业上的一技之长，眉毛胡子一把抓，样样精通，样样稀松，反而使自己无所成就。古训说得好："欲速则不达，欲多则心散，心散则志衰，志衰则思不达。"人的精力毕竟有限，往往穷尽全力也难以掘得真金。世界上最大的浪费，就是把宝贵的精力无谓地分散在许多事情上，而"有所不为"就是为了更加专注。

　　在人有限的生命中，能够专注于一件事情，朝着一个目标做精、做深是最好的选择，只有这样，才能成功。专注者尤其要保持一颗超然之心。要淡看舍与得，既已选择了专注，就要淡然对待名利，要知道自己擅长什么、能做什么、做什么最好的前提下，一如既往地专注下去。要坚信："顽强的毅力可以征服世界上任何一座高峰"。

　　生命有时好像总要和你开玩笑，对于你很在意的某些东西，像是握在手中的沙子，攥得越紧流出得越多越快。在我们的生活中，自己真正所需要的，往往许多年后才会明白，甚至穷尽一生也不会明白！面对已经拥有的，我们又因为曾经得而复失的经历，而存在一份忐忑与担心。因为拥有的时候，我们也正在失去，而放弃的时候，我们也许又在重新获得。放弃或许是另一种生活、另一种理想的开始！

　　在黑暗的旧社会，民不聊生。鲁迅在日本留学时学的是医术。一天上课时，教室里放映的片子里有一个被说成是俄国侦探的中国人，即将被手握大刀的日本士兵斩首示众，而许多站在周围观看的中国人，虽然和日本人一样身强体壮，但个个无动于衷，脸上全是麻木的神情。在中国人被砍了头以后，他们却欢呼雀跃起来。而这种欢呼，这每一声欢呼都深深地刺痛鲁迅的心。他身边一名日本学生说："看这些中国人麻木的样子，就知道中国一定会灭亡！"鲁迅听到这话，忽地站起来，向那个日本同学投去了威严不屈的目光，昂首挺胸地走出了教室，他的心像大海一样翻腾。他清醒地感悟到要挽救民族危亡，首先要拯救人民的

布局力

不做自己人生的局外人

灵魂。于是他毅然弃医从文，决定用手中的笔来唤醒中国的贫苦大众。从此，鲁迅把文学作为武器，用手中的笔做投枪，写出了《呐喊》、《狂人日记》等许多作品，向黑暗的旧社会发起了挑战，唤醒了数以万计的中华儿女起来同反动势力进行英勇斗争。他夜以继日地写作，直到生命的最后一刻。

鲁迅先生选择了用笔耕不辍和犀利的战斗檄文去激励贫苦大众，勇敢拿起手中的武器，反抗剥削、反抗内战、反抗侵略的做法，放弃了从医治病的荣耀，放弃了最初的梦想，毅然拿起了手中的笔，以笔为武器，深深地刺进敌人的胸膛。为了挽救民族危亡，为了惊醒沉睡的民众精神，站起来争取民族的解放、国家的独立、人民的幸福，他无怨无悔地燃烧了自己。为了唤醒国人麻痹的精神，他不断地调整自己的方向，每一次放弃的同时都意味着有另一个更明智的选择。

试想，当年的范蠡如果也贪恋眼前的荣耀，不舍得放弃一时的荣华，也许会因功盖其主而引发杀一儆百的惨剧。陶渊明也是因为舍去了"五斗米"，而获得了"采菊东篱下"的悠闲，才有"悠然见南山"的感悟和境界。

放弃就意味着失去，因此有人会说："失去了，我将无所依靠。"的确，放弃，自然要带着一些疼痛。刺骨的寒风是树叶飘落的动力，在完成生命最后的也是最美丽的旅程后，树叶归回了大地。当树叶在冬天不能再对大树有益时，不如早早离去，去实现它的又一个理想，"化作春泥更护花"。在上帝眼中，一切从来都没有停止过。狂风暴雨中，一株老树轰然倒下，我们在感叹老树生命终结的同时，何不换个角度想想，不久一棵幼苗将会发出新芽，新生命又开始了。"放弃不是一种过错，放弃了生活的轰轰烈烈，才能享有平平淡淡；放弃了急流险滩，才能拥有温馨港湾。"今天的放弃是为了明天能够枝繁叶茂，花开

四季，流芳天涯。孟子说过：鱼和熊掌不可兼得。面对生活的诱惑，我们必然要学会放弃一些东西，才能让生活更加精彩，才能让新的理想萌发出来，才会有新的成功。

千万不要在毫无意义的情感纠缠中沉醉，那还不如干脆就用手中的笔写下你内心所有的感伤、郁闷、狂躁亦或是空虚、迷茫，然后将它抛向遥远的空中，并对着天空说："我要重新开始！"因为，只有放弃才能迎来更加美丽的人生路，才会找到真正属于自己的快乐和幸福。保持一颗平常心，营造一种境界，收获一种性格，只要不迷失方向，只要心静如水。

第七章

及时行动，获取人生的主动性

任何一种理论如果不付诸实践就会变得毫无意义，任何人生目标如果不去实践也就成了白日梦。我们要想改变命运，做大人生格局，除了要有必备的心理素质、理论知识之外，还要积极地付出行动。只有付出了行动，才有可能让自己变得更加强大，取得的成就更加辉煌。我们在付出行动之后，就能够除去一些幼稚的想法，才可以让自己变得更加成熟和坚韧。

行动创造奇迹

拿破仑有一句名言："我总是先投入战斗，再制定作战计划。"这句话的意思并不是说计划没有任何意义，而是在告诉人们，行动永远要比计划重要。假如我们想要对现状有所改变，就要付出行动，只有行动才能够使人变得"更好"。因此，我们要想实现自己的目标，就要积极地行动起来，只有行动起来，生活才能够走上正常的轨道。在很多情况下，行动还能将不可能转化为可能，创造出让人难以想象的奇迹。

乔治·丹特齐格在加利福尼亚大学伯克利分校读硕士的时候，有一次上课迟到了。他走进教室，匆匆忙忙地记下黑板上的两道数学题。他认为，这是教授给学生们留下来的课下作业。为了完成这两道数学题，他冥思苦想了几个晚上，一直没有结果。但是他不愿意让教授对他表示失望和不满，就一直坚持着。

几天之后，他终于解开了那两道难度很大的数学题。他把作业带到了教室里，把作业放在了教授面前的桌子上。

很长时间之后的一个早晨。尚在睡梦之中的乔治被一阵急促的敲门声惊醒，当他打开门的时候，发现教授站在那里，脸上带着兴奋的表情。他满腹狐疑，还没有张口问什么事，就听教授大声地说道："乔治，乔治，你把那两道题都给解出来了，你实在是太厉害了！"

看着欣喜若狂的教授，乔治满脸迷惑："是啊，我解出来了，那不是你留的作业吗？值得您大老远地跑来告诉我这件事吗？"经过教授的一番解释，乔治才明白，原来黑板上的那两道题并不是什么课下作业，而是数学界里有名的难题，许多有名的专家经过多年的努力也没能解决，乔治用了几天的功夫就把他们解开了，让教授感到有些不可思议。

后来乔治说："如果事先有人告诉我这是两道数学界著名的难题，或许我就没有勇气去试着解它们了。"我们不难从这件事中看出，行动能够创造出惊人的奇迹，本来一些事情看起来是非常困难的，但是只要是付出了实际行动之后，就能够得到顺利的解决。假如不采取任何行动的话，哪怕是一些再简单的事情也就无法得到改变。

有句话叫做"一个画面胜过千言万语"，我们也可以这样说，一个行动能够创造出一个奇迹。我们只有付出足够的行动，才能够改变人生，创造奇迹。

从前，有两个和尚，一个很贫穷，一个很富有。穷和尚瘦骨嶙峋，连一件像样的衣服都没有；富和尚脑满肠肥，大腹便便，有很多家产。

有一天，穷和尚找到富和尚，对他说："我打算过几天到南海去一趟，你觉得怎么样啊？"

富和尚感到不可思议，不由自主地打量了一下穷和尚，用十分傲慢的语气对他说："南海是一个好地方，我很早就想去那里了，只不过到现在为止，我还没有足够的条件。你吃了上顿没下顿，想去南海岂不是异想天开吗？我问你，你想凭借什么东西去南海呀？"

穷和尚说："一个水瓶、一个饭钵就足够了。"

富和尚听了，笑得更欢了，指着穷和尚说："你以为南海就在山脚下啊，只需要一顿饭的工夫就走到了？去南海来回有好几千里路，来

回需要两年！再者，路上会遇到很多的艰难险阻，如果没有充足的准备，说不定你就会客死他乡。如果你想去南海的话，还是等一段时间和我一起去吧。等我准备充足了粮食、医药、用具，再买上一条大船，找几个水手和保镖，就带着你一起去南海。你想凭着一个水瓶和一个饭钵去南海，简直就是白日做梦，我劝你还是算了吧。"

穷和尚听了富和尚的嘲笑，没有和他争辩，第二天就带着他的水瓶和饭钵踏上了去南海的路。一路上，他将这两件东西当成最重要的旅途用品，遇到有水的地方就盛上一瓶水，遇到有人家的地方就去化斋。尽管路上遇到了很多的艰难困苦，但是他始终没有放弃，一直朝着南海前进。一年之后，他终于到达了目的地。

两年后，穷和尚带着一个水瓶、一个饭钵从南海归来，不过，此时的他，已经不再是当初那个没有见过任何世面的穷和尚，而是一位阅历丰富知识渊博的禅师了。

两个和尚之中，富和尚最有条件去南海，但是他觉得自己的资源有限，条件不足，准备不充分，就一直没有采取行动。穷和尚虽然一无所有，但是，他却能够及时地采取行动，最终到达了南海，实现了当初的愿望。

世界上最悲哀的事情就是一个人只想不做，或者是不敢去做。尽管有些人对未来有着种种美好的渴望和憧憬，但是却因为心理的原因，不敢迈出脚步，最终，他也只能停留在原地，生活没有丝毫的改变。而有些人尽管能力不足，物质条件有限，却能够以无所畏惧的精神主动去做，最终创造了令人不敢想象的奇迹，同时也让自己的生活有了一个质的飞跃。

心动决定行动的方向

心动是人类的特权和天性,成功者会展开心动的翅膀,立定目标飞向诱人的未来,追求人生事业的成功。

通常情况下,人们对他人心动的梦想总是持一种鄙夷的、不屑的看法,但实际上,每个人从童年直到老年,谁也无法摆脱梦想的纠缠。其实,梦想应该是一种良好的心理性格和成功的基础。

有了梦想,才会有希望,才能激发潜能。有伟大梦想的人,即使是铜墙铁壁也不能阻碍他们前进的脚步。

梦想和希望通常是未来的预言。有很多人容许它们逐渐暗淡下去,却不知道坚持下去就能够实现。

当人们树立梦想后,他的思想和情感就会变得坚定不移。梦想有鼓舞人心的创造性力量,它鼓励人们完成自己的事业;它又是才能的增补剂,增强人们的才干,使一切美梦都能成真。

一个黑人,家里很穷,住在贫民区的一所破房子里,在7个兄弟姊妹中,他特别瘦弱,时常感冒发烧。他似乎缺乏学习的天赋,学习成绩是7个孩子里最差的。

有一天,当他在电视里看到介绍伟大的高尔夫球运动员尼克劳斯的节目时,他的心一下子被打动了:我要像尼克劳斯一样,当一个伟大

的职业高尔夫球运动员!

他请父亲给他买高尔夫球和球杆。父亲说:"孩子,那是富人们的游戏,我们家玩不起高尔夫球。"他不依,吵着要。母亲抱着他,朝父亲喊:"我相信他,他一定会成为优秀的高尔夫球手的!"说完,母亲转过头,柔声说:"儿子,等你成为职业高尔夫球手后,就给妈妈买栋漂亮的别墅,好吗?"他睁着那双大眼睛,朝母亲用力地点了点头。

父亲给他做了一个球杆,然后在家门口的空地上挖了几个洞。他每天都要用捡来的球玩上一会儿。

升入中学后,体育教师里奇·费尔曼发现了这个黑人少年的天赋,于是建议他到高尔夫球俱乐部去练球并帮他支付了三分之一的费用。仅仅3个月后,他就成了奥兰多市少年高尔夫球赛的冠军。

高中毕业后,他幸运地被斯坦福大学录取了。暑假期间,一个要好的同学来他家玩,说他哥哥所在的旅游公司有一艘豪华游轮正在招服务生,薪水很高,每周有500美元,问他是否有意去应聘。他动心了:家里仍然贫穷,自己应该像个男人一样挣钱养家了。

过了几天,里奇·费尔曼来到他家,老师已经帮他联系到了一家高尔夫球俱乐部,准备带他去报名。小伙子不好意思地告诉老师,他打算去工作了。里奇·费尔曼沉默半晌,然后问他:"我的孩子,你的梦想是什么?"

他愣了一下,似乎有些措手不及。过了好久,他红着脸嗫嚅道:"当一个像尼克劳斯一样的高尔夫球运动员,挣很多钱,给母亲买一栋漂亮的别墅。"

里奇·费尔曼听完,眼睛盯着他高声叫道:"你现在就去工作,那么你的梦想呢?不错,你马上就可以每周挣500美元了,很了不起!但是,你的梦想难道就只值每周500美元吗?每周500美元能买得

起别墅吗?"

18岁的他被老师的话震惊了,他呆呆地坐在屋子里,心里反复默念着这句话。突然,曾经的梦想如闪电般穿过脑海,热血瞬间流遍全身:我的梦想是要成为像尼克劳斯一样伟大的高尔夫球运动员,我的梦想是要为母亲买一栋别墅!

那个假期,他自觉地投入到了训练中。在当年的全美业余高尔夫球大奖赛上,他一举成为该项赛事最年轻的冠军。三年后,他成了一名职业高尔夫球手。

他现在是迄今为止最伟大的高尔夫球运动员,他一次次地创造着高尔夫球的神话:1999年,他成为世界排名第一的高尔夫球手;2002年,他成为自1972年尼克劳斯之后连续获得美国大师赛和美国公开赛冠军的首位选手。从1996年出道至今,他总共获得了39个冠军。后来,他以1亿美元的年收入成为世界上年收入最高的体育明星之一。他给他的母亲买了6栋别墅,分别位于不同的地方。你可能已经知道了他是谁,他就是人称老虎的泰格·伍兹。

一个人应该尽自己最大的努力,挖掘自己所有的潜力来实现自己的梦想。努力可能会失败,但放弃则意味着你根本不可能成功。试着像泰格·伍兹那样为了梦想奔跑,也许有一天,你也能为自己的母亲买6栋别墅。

心动决定你行动的方向,在追求事业的过程中,如果没有一个高远的目标,那你永远也不可能展翅高飞;如果你心动的方向在高空,你将永远是只搏击长空的雄鹰。想象你正攀越心中的山脉,想象你正冲过终点。这些设想好像很不实在,但却往往能增加你的耐力,使你百折不挠,继续向理想迈进。

一个成功者应该如此:别让自己的梦想因别人的几句冷言冷语而

熄灭。安于现状，只会使你丧失获得更卓越成就的能量。只要能够朝着心动的方向大胆地迈进，只要你的眼光看得够远，你就一定能真正飞起来。

所以，怀抱美好的梦想，保持自己的主见和自信，你必能在将来有所作为。

长安街素有"中国第一街"之称，在中国人民心中，它是伟大首都的象征，也是中国政府重要机关的所在地，更因拥有王府井、西单等著名商业街而享誉全世界。然而，有谁能够想到就在这重中之重、寸土寸金之地，却被一个从香港回内地来的女性看中了，她就是2003年中国内地《福布斯》财富排行榜第五名的陈丽华女士。20世纪90年代，陈丽华带着她在香港采到的第一桶金回到北京，做出了一个让人瞠目的决定，她要在长安街上建造一个豪华俱乐部。当她将这个想法告诉亲朋好友时，得到的回答是："不可能。"

陈丽华说："当时我一说要做长安俱乐部，很多朋友们都说，丽华你可做不了。"但陈丽华没有放弃这个让她"心动"的想法，而是开始认真地将它付诸实施。

长安俱乐部地处长安街黄金地段，毗邻天安门广场，是陈丽华自香港转战内地投资的第一个房地产项目，总投资4.5亿元。做一个俱乐部，在长安街上。陈丽华当时显然只考虑了这条街的寸土寸金，却没有过多地考虑施工的难度。

陈丽华说："当时我向很多人咨询，怎么做？要做到什么标准？要慢还是要快？可现实情况先是在举办亚运会前不能开工，亚运会结束了，还是不让开工。开不了工，这块地等于白拿。当时我资金有限，这又是我在北京的第一个投资项目。亚运会结束有一年多了，领导还是不让开工。"

1993年，陈丽华拿到这块地的第四年，长安俱乐部终于开工了。陈丽华将积聚了四年的力量全部投入到工程上，她亲自带领施工队不分昼夜地开始干，铲土、装车她样样都干。一年后，陈丽华在长安街上完成了她的第一部作品——长安俱乐部。

陈丽华成功了，值得回味的是，10多年来，陈丽华接揽的地产项目个个都是寸土寸金的金贵地段，个中玄机谁人能参破？陈丽华淡淡地一笑："一是靠朋友帮忙。很多人都问我经商的诀窍，我说很简单，诚实、信用第一，真心实意地交朋友；二是想到了就做，要做就做好。"

是啊，多直白的话，"想到了就做，要做就做好"。从陈丽华的言语和故事中我们看到一个成功的人除了有超人的胆识之外，还得有积极投入行动的勇气，把心动的想法通过实际的行动去完成。

亮出你的行动力

守株待兔的行为，无异于浪费时间和生命。许多人终其一生，都在期待着一个机会令他成功，这种行为等于是把自己的命运交给不可知的外力来决定。事实上，机会无处不在，重要的在于，在机会出现时，我们是否有足够的行动力来抓住机会。如果你想成功，就应该做到在困难和挫折面前不退缩，用行动的力量战胜一切不可预知的困难。

麦迪第一次做业务员，虽然年轻但他却表现得很自信。

在去拜访客户前，麦迪先要做一些准备工作。他把自己关在屋

里，站在镜子前，把名单上的客户念了20遍，然后对自己说："在本月之前，你们将向我购买广告版面。"

他怀着坚定的信心去拜访客户。第一天，他和30个难缠的客户中的3个谈成了交易；在第一个星期的周末，他又达成了两笔交易；到第一个月的月底，30个客户只有一个人不买他的广告。

在第二个月里，麦迪没有去拜访新客户。每天早晨，只要那个拒绝买他广告版面的客户的商店一开门，他就进去请这个商人做广告，可对方每次都是拒绝。麦迪仍继续前去拜访。

到这个月的最后一天，商人说："你已经浪费了一个月的时间来请求我买你的广告版面，我现在想知道的是，你为何要坚持这样做。"麦迪说："我并没有浪费时间，我一直在训练自己在逆境中的坚持精神。"

商人点点头，紧紧地握住麦迪的手说："我也要向你承认，你已经教会了我坚持到底这一课。对我来说，坚持比金钱更重要，为了向你表示我的感激，我要买下你的一个广告版面，当做我付给你的学费。"

具有行动力的人并不盲目，正如麦迪，在客户一次次拒绝的情况下，他仍然坚持付出行动，做事循序渐进，胸有成竹，按照计划一步一步地去实现自己的目标，行动力就是成功的宣言。

要提升自己的人格、发展自己的个性，最重要的是亮出你的行动力，做你想做的事情，在困难中磨炼自己的勇气、忍耐力、魄力和决断力。敢于坚持自己的立场，就可以取得因你的勇气而带来的胜利，毕竟胜利总是属于那些敢于坚持的人。

19世纪中期，美国宾夕法尼亚洲发现了石油，成千上万人奔向采油区，原油产量飞速上升。

而洛克菲勒经过考察，认为不应该在原油生产上投资，由于盲目

开采，油市的行情必定下跌。果然不出洛克菲勒所料，由于疯狂地钻油，油价一跌再跌，每桶原油从当初的20美元暴跌到10美分。那些钻油先锋一个个败下阵来。三年后，原油一再暴跌之时，洛克菲勒却认为投资石油的时候到了，但是却遭到了好友的反对。

"我们赚了这么多钱，拿来投资原油吧，怎么样？"他跟克拉克商量道。

"想投资暴跌的泰塔斯维原油？你简直疯了，约翰。"克拉克不以为然。

"据说尹利镇到泰塔斯维计划修筑铁路，一旦完工，我们就能用铁路经过尹利运到克利夫兰……"

尽管洛克菲勒磨破了嘴皮，克拉克仍旧是无动于衷。于是洛克菲勒开始单独行动，他拿出4000美元，与英国人安德鲁斯合伙开设了一家炼油厂，独家包揽了石油的精炼和销售。安德鲁斯采用一种新技术提炼煤油，使自己的公司迅速发展。洛克菲勒迅速扩充了炼油设备，日产油量增至500桶，年销售额也超出了100万美元。

1865年，洛克菲勒的公司共缴纳税金3.18万美元，它仅雇用了37人，却创下了120万美元的销售总额。由此，洛克菲勒成了美国十大超级富豪之一，洛克菲勒家族成为了美国最富有的家族之一。

洛克菲勒的成功正是展示了强大的行动力。他一直以来的行动，无论遇到多大的困难，仍坚持自己立场，也正是这种行动力成就了洛克菲勒辉煌的人生。

有些人坐等机会，希望好的运气从天而降；而成功者却是积极准备，一旦机会降临，就能牢牢把握。我们相信人生中充满了机会，而许多人的成功其实和运气无关，应归功于当机立断、敢作敢为、坚持不懈的强大行动力。

行动永远是第一位的

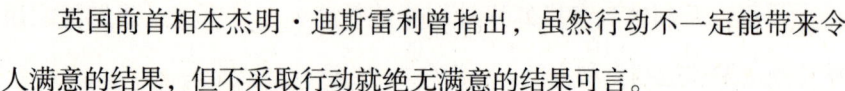

英国前首相本杰明·迪斯雷利曾指出,虽然行动不一定能带来令人满意的结果,但不采取行动就绝无满意的结果可言。

因此,如果你想取得成功,就必须先从行动开始。

每天不知会有多少人把自己辛苦得来的新构想取消,因为他们不敢执行。过了一段时间以后,这些构想又会回来折磨他们。

天下最可悲的一句话就是:"我当时真应该那么做,但我却没有那么做。"经常会听到有人说:"如果我当年就开始那笔生意,早就发财了!"一个好创意胎死腹中,真的会叫人叹息不已,永远不能忘怀。一个人被生活的困苦折磨久了,如果有了一个想要改变的梦想,那他已经走出了第一步,但是若想看见成功的大海,只走一步又有什么用呢?

因此,你有了梦想,只有行动起来,最终才能摆脱受折磨的命运。

连绵秋雨已经下了几天,在一个大院子里,有一个年轻人浑身淋得透湿,但他似乎毫无觉察,满天怒气地指着天空,高声大骂着:

"你这该千刀万剐的老天呀,我要让你下十八层地狱!你已经连续下了几天雨了,弄得我屋也漏了,粮食也霉了,柴火也湿了,衣服也没得换了,你让我怎么活呀?我要骂你、咒你,让你不得好死……"

年轻人骂得越来越起劲,火气越来越大,但雨依旧淅淅沥沥,毫

不停歇。

这时，一位智者对年轻人说："你湿淋淋地站在雨中骂天，过两天，下雨的龙王一定会被你气死，再也不敢下雨了。"

"哼！它才不会生气呢，它根本听不见我在骂它，我骂它其实也没什么用！"年轻人气呼呼地说。

"既然明知没有用，为什么还在这里做蠢事呢？"

"……"年轻人无言以对。

"与其浪费力气在这里骂天，不如为自己撑起一把雨伞。自己动手去把屋顶修好，去邻家借些干柴，把衣服和粮食烘干，好好吃上一顿饭。"智者说。

"与其浪费力气在这里骂天，不如为自己撑起一把雨伞。"智者的话对于我们来说，不失为一句"醒世恒言"。与其在困境中哀叹命运不公，为什么不把这些精力用在改变困境的行动上呢？

一位哲人曾这样说过："我们生活在行动中，而不是生活在岁月里。"要改变你的生活，你首先要行动起来，只有行动才是改变你现状的捷径。

因亲眼目睹两位老友因车祸去世而患上抑郁症的美国男子沃特，在无休止的暴饮暴食后，体重迅速膨胀到了无法接受的地步，直逼200公斤。当逛一次超市就足以让沃特气喘吁吁缓不过气儿时，沃特意识到自己已经到了绝境。绝望之中的沃特再也无法平静，他决定做点什么。

打开年轻时的相册，里面的自己是一个多么英俊的小伙子啊。深受刺激的沃特决定开始徒步全美国的减肥之旅，迅速收拾好行囊，沃特带着接近200公斤的庞大身躯出发了。穿越了加利福尼亚的山脉，行走了新墨西哥的沙漠，踏过了都市乡村，旷野郊外……整整一年时间，沃

特都在路上。他住廉价旅馆，或者就在路边野营。他曾数次遇到危险，一次在新墨西哥州，他险些被一条剧毒的眼镜蛇咬伤，幸亏他及时开枪将之打死。至于小的伤痛简直就是家常便饭，但是他坚持走过了这一年，一年后，他步行到了纽约。

他的事情被媒体曝光后，深深触动了美国人的神经。这个徒步行走立志减肥的中年男子，被《华盛顿邮报》、《纽约时报》等媒体誉为"美国英雄"，他的故事感动了美国。不计其数的美国人成为沃特的支持者，他们从四面八方赶来，为的就是能和这个胖男人一起走上一段路。每到一个地方，就会有沃特的支持者们在那里迎接他。

当他被美国一个知名电视节目请到现场时，全场掌声雷动，为这个执著的男人欢呼。出版商邀请他写自传，电视台找他拍摄专辑……更不可思议的是，他的体重成功减掉50公斤，这是一个多么惊人的数字！

许多美国人称：沃特的故事使他们深受激励，原来只要行动，生活就可以过得如此潇洒。沃特说这一切让他感到意外："人们都把我看做是一个美国英雄式的人物，但我只是一个普通人，现在我意识到，这是一次精神的旅行，而不仅仅是肉体。"他的个人网站"行走中的胖子"，吸引了无数访问者，很多慵懒的胖子开始质问自己："沃特可以，为什么我不可以？"

徒步行走这一年，沃特的生活发生了巨变。从一个行动迟缓的胖子到一个堪比"现代阿甘"的传奇式人物，沃特用了一年的时间，他的收获绝不仅仅是减肥成功这么简单。放弃舒适的固有生活，做一种人生的改变，人人都可以做到，但未必人人愿意行动。所以，沃特成功了。

你也是，只要付诸行动，没有什么不可以。勇敢行动起来，创造自己生命的奇迹吧！在这个世界上，没有什么比无所事事、懒惰、空虚无聊更为有害的了。

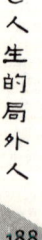

不要等待，立即行动

诺基亚手机研发部的波特一连几天都闷闷不乐，同事见他一副眉头紧锁的样子就开玩笑道："波特先生哪儿都好，就是太不知足了。你也不想想，咱们研发部不像生产和销售部，没有什么硬性指标，薪水甚至比他们拿得还多，该高兴才是啊！""我不是为了薪水想不开，我是在想，我们整天坐在研究室里，总该有个长远目标，老拿不出新创意，我倒觉得不好意思了！""嗨，现在诺基亚手机已经是世界著名品牌了，不管是技术性能，还是外观形象，早已深入人心了，还上哪里去找更高的目标呢？"尽管同事们说得有些道理，但他还是暗下决心："一定要让诺基亚在自己的开发下有一个质的飞跃！"有了这个非同一般的目标后，波特更是寝食难安，每日里满脑子都是考虑如何让诺基亚更加符合消费者日益增长的需求。一天，在地铁里他获得了一个惊人发现：几乎所有时尚男女都配带着手机、一次性相机和袖珍耳机。这给了他很大灵感："能不能把这三个最时髦的东西组合在一起呢？如此一来，不是既轻便又快捷吗？"第二天他马上找到主管："如果我们在手机上装一个摄像头，让人们在接听音乐的同时，把自己和在外面见到的所有美好事物都拍摄下来，再发送给亲友，该是多么激动人心啊！"

主管被他的创意惊喜得高声叫道："好样的，波特！我们马上就

着手研制！"这种具有拍摄和接听音乐功能的手机很快研制成功,一经推向市场,就大受青睐！波特不但实现了自身的价值,而且,他还得到了应有的奖励。更重要的是。在实现宏伟目标的过程中,波特得到了从未有过的快乐！是的,有了好的想法还不够,更重要的是"立即就做"。

一位毕业于哈佛的商业巨子在谈到他的成功秘诀时,只说了四个字:"现在就做"。的确,很多人习惯于等待,习惯于拖延,习惯于在自己认为合适的时间做事。但是,时间是残酷的,它不会因为你的等待就多陪伴你一会儿,无论你怎样挽留,它也不会停下前进的脚步。记住赛谬尔·斯迈尔斯的话:利用好时间是非常重要的,一天的时间如果不好好规划一下,就会白白浪费掉,就会消失得无影无踪,我们就会一无所成。

石油大亨洛克菲勒曾经这样忠告自己的女儿:"一旦确定了目标,就应尽一切可能,努力达到目标。如果你要当一名律师,首先要了解律师的一天是怎么度过的。要找与这一职业相关的人交谈,了解情况,学习经验。要记住,跟讨厌自己职业的人交谈,不会有积极作用。优秀的忠告者会给你提出合理的建议,尤其重要的是他会教导你怎样去做。当你达到了目标,自己开了律师事务所,就知道这些的必要了。"

哈佛商学院的一个精髓就是推崇立即行动的商业精神。

1973年,英国利物浦市一个叫科莱特的青年,考入了美国哈佛大学,常和他坐在一起听课的,是一位18岁的美国小伙子。大学二年级那年,这位小伙子和科莱特商议一起退学,去开发32Bit财务软件,因为新编教科书中已解决了进位制路径转换的难题。

当时,科莱特感到非常惊讶。因为他来这里是求学的,不是来闹着玩的,再说对Bit系统,博士才教了点皮毛,要开发Bit财务软件,不

学完大学的全部课程是不可能的。他委婉地拒绝了那位小伙子的邀请。

10年后，科莱特成为哈佛大学计算机系Bit方面的博士研究生，那位退学的小伙子也在这一年，进入美国《福布斯》杂志亿万富翁排行榜。1992年，科莱特继续攻读，成为博士后；那位美国小伙子的个人资产，在这一年则仅次于华尔街大亨巴菲特，达到65亿美元，成为美国第二富豪。1995年，科莱特认为自己已具备了足够的学识，可以研究和开发32Bit财务软件了，而那个小伙子则已绕过Bit系统，开发出Eip财务软件，它比Bit快1500倍，并且在两周内占领了全球市场，这一年他成了世界首富，一个代表着成功和财富的名字——比尔·盖茨，也随之传遍全球的每一个角落。

在这个世界上，有许多人认为，只有具备了精深的专业知识才能创业。然而，世界创新史表明：先有精深的专业知识才从事发明创造的人并不多，不少成就一番事业的人，就是在知识不充分时，就直接对准了目标，然后在创造过程中，根据需要补充知识。比尔·盖茨哈佛大学没毕业就去创业了，假如他等到学完所有的知识再去创办微软，他还会成为世界首富吗？

在这个世界上，似乎存在着这么一个真理：对一件事，如果等所有的条件都成熟才去行动，那么你也许得永远等下去。人如果不能创造时机，就应该抓住那些已经出现的时机。当机立断是一个人的能力与才干的表现，一个成功的人懂得机会来到时应该怎么办，更懂得每一件事来临时应该怎么办。"立即行动"就是最好的办法。不管什么时候，如果觉察到拖拉的恶习正在侵袭你，或者这种恶习已经缠住你了，这四个字就是对你的最好提醒。

哈佛商学院的一个精髓就是推崇立即行动的商业精神。这种精神强调职业经理人要养成良好的习惯，在机会面前要立即行动。如果你

想赚钱,一定要敢于行动。世界上没有免费的午餐,也没有天上掉下来的馅饼。不行动你不可能赚钱,不敢行动你赚不了大钱。敢想还要敢干,不敢冒险只能小打小闹,赚个小钱。不管什么时候都有许多事情要做,要克服懒惰的习惯,养成立即行动的好习惯。你不妨从遇到的随便一件事上入手,不要在意是什么事,关键在于打破游手好闲的坏习惯。换个角度说,假如你要躲开某项烦人杂务,你就要针锋相对,立即从这项杂务入手。否则,这些事情还是会不停地困扰你,使你厌烦而不想动手。你一旦养成了"立即就做"的工作习惯,大体上你就把握了人生进取的精义。

哈佛的这种商业精神对其学子影响非凡。比如,它对职业经理人的独立创业精神有很大的促进。哈佛商学院的学生毕业以后,独立创业的比例明显高于其他商学院。这种冲动,毕业于哈佛的易凯网络资本公司CEO王冉称之为创业的DNA。王冉说,"哈佛商学院的学生尽管毕业后大多数进了大公司,但是多少年之后,出来创业的比例还是高于别的商学院。从这一点上说,哈佛商学院有一个精髓就是推崇创业精神。实现理想,更自主自由地从事商业活动,这可能是职业经理人创业的最大动因。想当年,当比尔·盖茨意识到PC是一个巨大的机会的时候,他没有多少犹豫,很快放弃哈佛大学学业,白手起家创办微软。同样地,甲骨文公司老板埃里森,在可以开创一个数据库管理时代的巨大机会面前,不仅放弃哈佛学业,赚取260亿美金后,还回哈佛演讲,鼓动学生退学,立即实现那些美好的机会,结果被警察拖下讲坛。

哈佛大学心里学教授戴维·麦克理南认为,21世纪的竞争力取决于行动力,行动力的全方位落实,取决于学习力。改变现状,需要果断的行动力,更需要改变自我的学习力。

目标很重要,计划很关键,行动最有力量!行动是伟大目标得以

实现的根本,今天就是你未来人生的新起点。定好了目标,做好了准备,就出发吧!

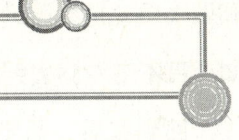

行动改变命运

曾有人问古希腊哲学家苏格拉底:"你为什么能成为这么有名的思想家呢?"

苏格拉底答道:"多思考。"

这个人以为自己得到了成为思想家的真谛。回家后,他就躺在床上盯着天花板,一动不动,开始思考。至于思考些什么,别人不得而知。

一个月后,这个人的妻子来找苏格拉底,说丈夫每天都在床上躺着,就像中了邪一样。

苏格拉底到了那个人家中,发现他懒洋洋地躺着,蓬头垢面。他见到苏格拉底,赶紧爬起来问:"这一个月来,我每天除了吃饭和睡觉,一直在思考。什么时候才能成为思想家呢?"

苏格拉底问:"那你每天都在想什么?"

这人答道:"想得太多了,一时半会儿也说不清楚。"

苏格拉底笑道:"只想不做的话,只能产生垃圾,怎么能成为思想家呢?"

这人惊异地问道:"思想家难道不是需要每天思考问题吗?"

苏格拉底严肃地说:"空想是没有用处的。如果不去做,就算想

得天花乱坠，也注定是虚无。"

行动比思考更有力量。一个人能否成功，不在于思想有多丰富，而在于是否能够马上采取行动。而很多时候，我们受到很多因素的限制，缺乏行动的力量。

无论什么时候，想到之后就马上去做，相信行动更有力量。

《史记》记载，战国时期，秦国的公子异人被送到赵国的都城邯郸做人质，是秦国远交近攻战略的一部分。此事被同在邯郸的吕不韦得知。吕不韦专门去拜访异人，一眼看出，异人乃奇货可居。

回到家后，吕不韦问父亲："耕田能获得多少利润？"父亲说："大概十倍。"吕不韦再问："经商能获得多少利润？"父亲说："大概千倍。"吕不韦又问："如果扶持一个人当国君，又能获得多少利润？"父亲说："这可就无数了。"这段对话坚定了吕不韦扶植异人的决心。

说做就做。吕不韦来到异人的住所，承诺将倾尽家财资助异人实现自己的远大抱负。异人正在落魄之时，作为人质，性命朝不保夕。而吕不韦当时家底殷实，是社会高层绅士。能够得到他的承诺，异人自然感激不尽。觥筹之间，异人许诺，如果有一天自己当了秦国国君，一定会与吕不韦共享富贵。

吕不韦开始了自己的计划。他拿出一部分钱财给异人，让他广交朋友，积蓄实力。自己则带上珍宝去了秦国，想办法结交了秦国太子安国君的宠姬华阳夫人的胞弟阳泉君，并暗示阳泉君，如果华阳夫人一直没有儿子，年长色衰之后就会失宠，现在拥有的权力也就烟消云散了。阳泉君把这番话告诉华阳夫人，华阳夫人果然很焦虑。这时，吕不韦对症下药，请华阳夫人收异人为儿子，并劝说秦国国君立异人为继承人。

在秦国，一切都很顺利，事态完全在按照吕不韦的计划发展。吕

不韦回到赵国，劝说赵国君主送异人回国，并得到了肯定的答复。不料，异人正在收拾行装时，秦赵长平之战爆发，赵王改变了主意，异人只好继续滞留在赵国。

吕不韦只好暂停实施自己的计划，每日陪着异人饮酒。一次，异人在吕不韦府上看中了吕不韦新纳的赵姬。吕不韦灵机一动，将赵姬献给了异人，并借此在异人身边安插了自己的眼线。

正当异人在邯郸娶妾生子时，秦军逼近邯郸，赵国的覆灭只在顷刻之间。都城一片混乱，贵族们忙着逃命，哪里还顾得上异人。在宾客的帮助下，异人顺利逃出赵国，回到了秦国。

几年后，安国君即位，成为孝文王。可惜他在位时间不长，很快就去世了。异人如愿以偿地成为秦国国君，即庄襄王，吕不韦从此成为秦国政坛的权贵人物。

庄襄王即位后，第一道命令就是任命吕不韦为丞相，封文信侯，食邑十万户。命令一下，满朝文武震惊了。没有一个人能像吕不韦这样集官职、爵位、食邑的最高等级别于一身。秦国大权掌握在吕不韦手上，庄襄王只不过是个傀儡罢了。

掌权后，吕不韦将留在赵国的赵姬和儿子迎回秦国。庄襄王对曾共患难的赵姬宠爱有加，更加无心过问政事。从此，吕不韦在秦国专政十多年，直到庄襄王的儿子嬴政即位并长大后，吕氏专权才告结束。

当年，异人困在赵国时，很多士绅知道他的身份，也有人想过如果能帮助异人继承王位，回报无限。但只有吕不韦付诸行动，并一步一步推动事情向前发展。秦庄襄王即位时，想必会有很多名商大贾后悔自己没有把握住机会。但，机会只有一个，只有敢于行动的人才能抓住。

吉列公司的创始人金·吉列1901年向世人推出了"安全剃须刀"，这个产品非常成功。那时，士兵们必须将脸刮干净以确保他们的防毒面

具使用正常。

战争确立了这种安全剃刀在美国的地位,但士兵雅克布·希克对这种剃刀却不以为然。因为当有热水时,这种剃刀无疑是很好的,然而希克的驻地在阿拉斯加,每天早晨他都得敲开冰层取水刮脸。于是,发明一种新产品的念头开始在他脑中转动。

于是,希克决定发明一种干剃刀。他遇到的最大难题在于需要有一个足以发动小机器的小型电动马达。希克用了五年时间才得以完成他的这项发明,并于1923年取得该发明的专利权。1931年经济大萧条时期,他将所有财产抵押出去,获得贷款将剃须刀推向市场。25美元的标价虽然高了些,但他还是卖出了3000把。慢慢地,这种剃须刀开始盈利了。接着,希克将所有利润投入到广告宣传中去,结果到1937年的时候,他已售出了200万把电动剃须刀,希克成为了"电动剃须刀大王"。

看来,好的创意的实现还要靠锲而不舍的努力。阿拉伯有句格言:聪明人把希望寄托在行动上,糊涂人把希望寄托在幻想上。思想固然重要,但行动往往更重要。

从前,有一位满脑子都是智慧的教授与一位文盲相邻而居。尽管两人地位悬殊,知识水平、性格有天壤之别,可两人有一个共同的目标:尽快富裕起来。

每天,教授跷着二郎腿大谈特谈他的致富经,文盲在旁虔诚地听着,他非常钦佩教授的学识与智慧,并且开始依着教授的致富设想去付出行动。若干年后,文盲成了一位百万富翁,而教授还在空谈他的致富理论。

可见,行动才是最终的决定力量,无论你的计划多么详尽,语言多么动听,你不开始行动,就永远无法达到目标。在一生中,我们有着种种计划,若能够将一切憧憬都抓住,将一切计划都执行,那么,事业上所取得的成就,将是多么的伟大!

美国成功学家格林演讲时，曾不止一次地对听众开玩笑说，全球最大的航空速递公司——联邦快递其实是他构想的。

格林没说假话，他的确曾有过这个主意。上世纪60年代格林刚刚起步，在全美范围内为公司做中介工作，每天都在为如何将文件在限定时间内送往其他城市而苦恼。

当时，格林曾经想到，如果有人开办一个能够将重要文件在24小时之内送到任何目的地的服务，该有多好！

这想法在他脑海中停留了好几年，他也一直经常和人谈起这个构想，遗憾的是，他没有采取行动，直到一个名叫弗列德·史密斯的家伙（联邦快递的创始人）真的把它转换为实际行动。就这样，格林与开创事业的大好机会擦身而过了。

格林用自己的故事现身说法：成功地将一个好主意付诸实践，比在家空想出一千个好主意要有价值得多。没有行动，再远大的目标只是目标，再完美的设想也仅仅是设想，要想使其变为现实，必须付诸行动。

种种事实已经证明，让自己立于不败之地的最好方法就是不卖弄口舌，以行动说话。行为有时比语言更重要，人的力量，很多时候往往不是由语言，而是由行为和动作体现出来的，聪明的人尤其如此。

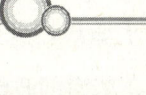

雷厉风行，大胆行事

敢作敢为的人常说："我总有机会！"失败者的借口是："上天

不给我机会!"失败者常常说,他们之所以失败是因为缺少机会,是因为没有成功者青睐,好位置就只好让别人捷足先登,等不到他去争取。

可是有眼力的人绝不会找这样的理由,他们不等待机会,也不向亲友们苦求,而是靠自己的努力去制造机会。他们深知,自己才是上帝,才能给自己机会。

亚历山大在一次战斗胜利后,有人问他,是不是等待机会来临,再去进攻另一个城市,亚历山大听了这话,竟大发雷霆,他说:"机会?机会是我自己创造的。"创造机会,便是亚历山大之所以伟大的原因。因此,只有去创造机会的人,才能建立丰功伟绩。

如果一个人做一件事情,总要等待机会,是不可取的,一切努力和热望,都可能因等待机会而付诸东流,最终得不到机会。

在一般人看来,机会是打开成功的钥匙,一旦有了机会,就能稳操胜券,走向成功,但事实并非如此。无论做什么,就是有了机会,也需要不懈的努力,这样才会有成功的希望。

乾隆二十四年(1759年)九月,刘墉调任江苏学政,对该省吏治风俗多行观察,敢于揭露其中的错误,提出了不少令乾隆感兴趣的提议。

作为清代学术与文化的中心,这个地区的士人风气和他们对朝廷的态度关系着清朝统治能否获得稳定与加强。因此,历代皇帝和大学士对该地区都非常重视,康熙和乾隆六次南下,很大程度上就是为了笼络东南士民,强化对该地区的统治。乾隆时期,大学士尹继善在东南地区长时间担任总督和巡抚,前后长达27年之久,其原因在于尹继善精于文学,善于通过以文会友与文人学士联络感情,因而深获当地士人的喜爱,他在东南的政绩成为清朝成功推行文治政策的典范之一。

江南地区发达的文化要求地方大吏不但要清正刚廉,而且要懂得顺应自然,宽缓为政;不但要推崇儒家政教,而且要懂得奖扬斯文,引

导风流。派具有深厚儒学素养与文学修养的尹继善到江南为官,可以说顺天之木焉,时人称尹继善"就论风雅已压群公","在江南地方推行仁政,百姓乐业,官吏倾心,不敢稍微违犯法律"。

当老百姓听说尹继善要到江南就职,便欢呼雀跃,奔走相告,而当尹继善去世的消息传出,东南一片伤心,军民悬画像,士女咽悲喉,即反映出他十分清楚治理两江地方的诀窍。对此,精敏的乾隆皇帝心里也很清楚,所以他说:"满洲科甲官僚中,长于文学精通政事尹继善是第一。"

刘墉被选派到江苏做学政,充分体现了乾隆对刘墉在安徽学政任内工作的声望,及对刘墉管理学务能力的重用,但这只是一点。另一点是,刘墉有在江苏开展工作的便利之处。

刘墉的父亲刘统勋之前多次负责南河河工,在江苏的时间比较长,熟悉风土人情;刘家在江苏拥有很多的朋友和门生故吏,像江苏文化名人大多与刘家有许多的关系。时任两江总督的尹继善也是刘统勋的同僚和朋友。

乾隆二十五年(1760年)秋,也就是刘墉到任的第一年,前辈钱陈群为送主试江南的儿子钱汝诚回北京,来到江宁,于是招往江宁出差的刘统勋,在尹继善的府衙聚会。

这次聚会,尹继善也曾赋诗多首与钱陈群相戏谑,当中一首诗:一曲寒流抱小洲,荒亭散步也优游。只看红叶遍经雨,木贯黄化已过秋。北去有人随远雁,宵来无语望牵牛。适逢扶杖鸳湖叟,笑问哪时回八骀?

可见三人关系非常密切。有此良好的社会关系,又有安徽学政的经历,刘墉主持江苏学政工作得心应手。

刘墉这次视学江苏很认真,考取生员比较严格,诸联《明斋小

识》就记载说:"昔日刘石庵相国视学江苏,严肃骏厉,人多畏惮,到四十二年复任江苏,则宽厚平和,与前次不轻易取悦秀才迥然有别,即使年例不符合者,也准予赏给衣顶,并且能对科场运气不好者予以照顾。"于此可窥见其风格及其改变。

刘墉还认真考察当地的风土人情,及官方士习情形。乾隆二十七年秋,刘墉在离开江苏省前夕,将此向乾隆做了上报,算是对他观风察俗工作的总结。其中特别谈到了对考生的管理等问题:

监生中有喜欢生事,胆大妄为的人,府州县官多所忌惮,并不加惩处。以致他们不仅害怕刁顽百姓,而且害怕蛮横的监生,狡猾的胥役。对于波及监生案子既未能及时审断,又不想明定是非。确定罪责之后,应该扑责革退的监生,并不责革,实属疲玩不堪,讼棍奸吏因此得以行其奸谋。不只是他们目无学政,甚至有心欺诈督抚。

此疏深切当时江南官场之恶习,因而受到乾隆的赏识,乾隆在随后下达的上谕中指示:

刘墉所奏,切中该省吏治恶习。江南士民风尚,大多浮靡好事,当地地方有司,又加以姑息,遂致此等恶习日趋严重,牢不可破。

所以,近来封疆大吏懈弛弊端,直省中唯有江南最为严重,这本非刘墉一人私下看法。陈弘谋、尹继善在督抚中外任时间最长,而且向来好以无事为福,况且经历事情很多,上下一团和气的作风竟成故智。他们所管辖官员又大半属往年旧属,因循生玩,往往遇事姑容。甚且狡猾劣员,近来借口办差,有意延搁公事者更不而足。积习颓靡,不知振刷。此等情状,即使当面责问尹继善、陈弘谋,他们也应当难以自解。

况且督抚为属僚作带头,既然上司不能有所振作,那么所有下属又有谁不承风?至于上行下效,怠惰之势已经形成,谁来承担责任则朕唯于督抚是问耳。尹继善等当以此痛除旧习,刻自振作,如果州县官确

有怠玩相沿，如刘墉所奏各情节，即当严行体察，据实参奏。如果不知悔改，而转以被揭憎恨他人，更难逃朕洞鉴。

后来，他又多次在谕令中谈及这个问题，可见刘墉所奏在乾隆心目中的作用。

一个人碰到很多困难的事情，或者退让，或者是挺进，这两种不同的选择自然导致不同的结果。有些人则有一股韧劲，对待自己认准的事，大胆而果敢地去做下去，这便是气魄。

让行动为财富升值

很多穷人在追逐财富的过程中，整天沉浸于幻想当中不能自拔。他们幻想着财富就像馅饼一样，某一天会从天而降，落到自己的头上。事实上，要想获得财富，仅有梦想是远远不够的，你必须为自己的梦想迅速采取行动。

无论做什么事情，都要采取积极的行动。有句话说得好："100次心动不如一次行动！"因为行动是一个敢于改变自我、拯救自我的标志，是一个人能力有多大的证明。美国著名成功学大师杰弗逊说："一次行动足以显示一个人的弱点和优点是什么，能够及时提醒此人找到人生的突破口。"毫无疑问，那些成大事者都是勤于行动和巧妙行动的大师。这样的例子，我们可以举出无数。在人生的道路上，我们需要的是：用行动来证明和兑现曾经心动过的行动。

一位侨居海外的华裔大富翁，小时候家里很穷，在一次放学回家的路上，他忍不住问妈妈："别的小朋友都有汽车接送，为什么我们总是走回家？"妈妈无可奈何地说："我们家穷！""为什么我们家穷呢？"妈妈告诉他："孩子，你爷爷的父亲，本是个穷书生，十几年的寒窗苦读，终于考取了状元，官达二品，富甲一方。哪知你爷爷游手好闲，贪图享乐，不思进取，坐吃山空，一生中不曾努力干过什么，因此家道败落。你父亲生长在时局动荡战乱的年代，总是感叹生不逢时，想从军又怕打仗，想经商时又错失良机，就这样一事无成，抱憾而终。临终前他留下一句话：大鱼吃小鱼，快鱼吃慢鱼。"

最后，妈妈告诫儿子说："孩子，家族的振兴就靠你了，干事情想到了看准了就得行动起来，抢在别人前面，努力地干了才会成功。"儿子牢记了妈妈的话，后来他以十亩祖田和三间老房子为本钱，成为今天《财富》华人富翁排名榜前五名。他在自传的扉页上写下这样一句话："想到了，就是发现了商机，行动起来，就要不懈努力，成功仅在于领先别人半步。"

立刻行动起来，不要有任何的耽搁。要知道世界上所有的计划都不能帮助你成功，要想实现理想，就得赶快行动起来。成功的道路有千条万条，但是行动却是每一个成功者必须要付出的，行动也是通向成功的捷径。

也许你早已经为自己的未来勾画了一个美好的蓝图，但是它同时也给你带来烦恼，你感到自己迟迟不能将计划付诸实施，你总是在寻找更好的机会，或者常常对自己说：留着明天再做。这些做法将极大地影响你的做事效率。因此，要获得成功，必须立刻开始行动。任何一个伟大的计划，如果不去行动，就像只有设计图纸而没有盖起来的房子一样，只能是一个空中楼阁。

有一个人，从确立了他的目标开始，时刻记得行动才是第一位的。这个人是美国海岸警卫队的一名厨师。空余时间，他代同事们写情书，写了一段时间以后，他觉得自己突然爱上了写作。他给自己订立了一个目标：用两到三年的时间写一本长篇小说。为了实现这个目标，他立刻行动起来。每天晚上，大家都去娱乐了，他却躲在屋子里不停地写。这样整整写了8年，他终于第一次在杂志上发表了自己的作品，可这只是一个小小的豆腐块而已，稿酬也只不过是100美元。但他没有灰心，相反他却从中看到了自己的潜能。

从美国海岸警卫队退休以后，他仍然写个不停。虽然稿费没有多少，欠款却越来越多了，有时候，他甚至没有买面包的钱。尽管如此，他仍然锲而不舍地写着。朋友们见他实在太贫穷了，就给他介绍了一份到政府部门工作的差事。可他拒绝了，他说："我要当一个作家，我必须不停地写作。"又经过了几年的努力，他终于写出了预想的那本书。为了这本书，他花费了整整12年的时间，忍受了常人难以承受的艰难困苦。因为不停地写，他的手指已经变形，他的视力也下降了许多。

功夫不负有心人，他成功了。小说出版后立刻引起了巨大的轰动，仅在美国就发行了160万册精装本和370万册平装本。这部小说还被改编成电视连续剧，观众超过了一亿三千万，创电视收视率历史最高记录。这位真正的作家获得了普利策奖，收入一下子超过500万美元。

这位作家就是哈里，他的成名作就是我们今天经常读到的《根》。哈里说："取得成功的惟一途径就是'立刻行动'，努力工作，并且对自己的目标深信不疑。世上并没有什么神奇的魔法可以将你一举推上成功之路，你必须有理想和信心，遇到艰难险阻必须设法克服它。"

众多故事告诉我们，成功和财富都属于积极行动者。获得财富在于意念，更在于行动。对于任何一个人来说，一旦你坚定了信念，就赶

紧行动起来。这会使你前行的车轮运转起来，并创造你所需要的必要动力。一位演讲家曾经说过，说空话只能导致你一事无成，要养成行动大于言论的习惯，那么即使是再艰难、再巨大的目标也是能够实现的。

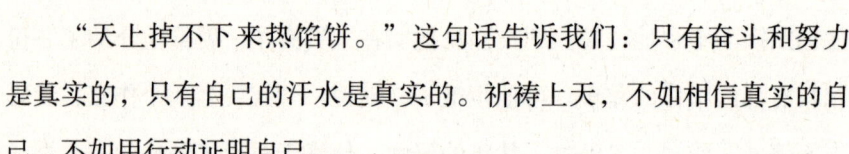

用行动亮出你自己

"天上掉不下来热馅饼。"这句话告诉我们：只有奋斗和努力是真实的，只有自己的汗水是真实的。祈祷上天，不如相信真实的自己，不如用行动证明自己。

4岁的小克莱门斯上学了。教书的霍尔太太是一位虔诚的基督徒，每次上课之前，她都要领着孩子们进行祈祷。有一天，霍尔太太给孩子们讲解《圣经》，当讲到"祈祷，就会获得一切"的时候，小克莱门斯忍不住站了起来，他问道："如果我祈祷上帝呢？他会给我想要的东西吗？""是的，孩子，只要你愿意虔诚地祈祷，你就会得到你想要的东西。"

小克莱门斯特别想得到一块很大的面包，因为他从来没有吃过那样诱人的面包。而他的同桌，一个金头发的小姑娘每天都会带着一块这样诱人的面包来到学校。她常常问小克莱门斯要不要尝一口，小克莱门斯每次都坚定地摇头，但他的心是痛苦的。

放学的时候，小克莱门斯对小姑娘说："明天我也会有一块大面包。"回到家后，小克莱门斯关起门，无比虔诚地进行祈祷，他相信上

帝已经看见了自己的表情,上帝一定会被自己的诚心感动的!然而,第二天起床后,当他把手伸进书包的时候,除了一本破旧的课本以外什么也没有发现。他决定每天晚上坚持祈祷,一定要等到面包降临。

一个月后,金头发的小姑娘笑着问小克莱门斯:"你的面包呢?"

小克莱门斯已经无法继续自己的祈祷了。他告诉小姑娘,上帝也许根本就没有看见自己在进行多么虔诚的祈祷,因为,每天肯定有无数的孩子都进行着这样的祈祷,而上帝只有一个,他怎么会忙得过来?小姑娘笑着说:"原来祈祷的人都是为了一块面包,但一块面包用几个硬币就可以买到了,人们为什么要花费这么多的时间去祈祷,而不是去赚钱买面包呢?"

小克莱门斯决定不再祈祷。他相信小姑娘所说的正是自己想要知道的——只有通过实际的工作才能获得自己想要的东西。而祈祷,永远只能让你停留在等待中。小克莱门斯对自己说:"我不要再为一件卑微的小东西祈祷了。"他带着对生活的坚定信心走上了新的道路。

多年以后,小克莱门斯长大成人,当他用笔名马克·吐温发表作品的时候,他已经是一名为了理想勇敢战斗的作家了。他再没有祈祷上帝,因为在无数个艰难的日子中,他都牢记:只要自己自强自立,努力奋斗,一定能获得自己想要的东西。事实上,的确如此。

在多年以前，吴士宏还是一名护士。1985年，她决定要到IBM去应聘。当时，微软的招聘地点在长城饭店，这是一个五星级的饭店——那个时候，五星级饭店可是凤毛麟角。

试想，当年的吴士宏，一个小人物，来到长城饭店这样的五星级饭店门口，心情怎样？

她回忆说，在长城饭店门口，足足徘徊了5分钟，呆呆地看着各种肤色的人如何从容地迈上台阶，如何一点也不生疏地走进门去，就这样简简单单地进入另一个世界。她之所以徘徊了5分钟不敢进去，就是因为她的内心深处无法丈量自己与这道门之间的距离。

她当年凭着一台收音机，花了一年半的时间学完了许国璋英语三年的课程，就是凭着这个经历，她也应该进去，不就是为了这一天吗？

她鼓足了勇气，迈着稳健的步伐，穿过威严的转门，迎着内心的召唤，走进了世界上最大的信息产业公司IBM公司的北京办事处：她的确是个人才，顺利地通过了两轮笔试和一轮口试，最后来到了主考官的面前，眼看就要大功告成了。

主考官没有提什么难的问题，只是随口问："你会不会打字？"

她本来不会打字，但是本能告诉她，到了这个地步，还有什么不会呢？

她点点头，只说了一个字："会！"

"一分钟可以打多少字？"

"您的要求是多少？"

"每分钟120字。"

她不经意地环视了一下四周，考场里没有发现一台打字机，马上就回答："没问题！"

主考官说："好，下次面试时再加试打字！"

她就这样过五关斩六将,顺利地通过了主考官的面试。

实际上,吴士宏从来没有摸过打字机。面试结束,她就飞快地跑去找一个朋友借了170元钱,买了一台打字机,就这样没日没夜地练习了一个星期,居然达到了专业打字员的水平。

她被IBM录取了,IBM公司"忘记"考她的打字水平了,可是这170元钱,她好几个月才还清。

她成了这家世界著名企业的一名普通员工,可是她扮演的不是白领,而是一个卑微的角色,主要工作是泡茶倒水,打扫卫生。用她自己的话说,"完全是脑袋以下的肢体劳动"。她为此感到很自卑,把有朝一日可以触摸传真机作为一种奢望,她所感到的安慰就是自己能够在一个世界知名企业中做事。

可是作为一位服务人员,这种心理平衡很快就被打破了:

一天,吴士宏推着平板车买办公用品回来,门卫把她拦在大门口,故意要检查外企工作证。她没有外企工作证,于是在大门口僵持起来,进进出出的人就像看大街上耍猴的那样,个个都投来一种异样的目光。作为一位女性,她的内心充满了屈辱,充满了无奈,可是她知道这份工作来得不易,强压怒火没有发泄出来,只在内心咬着牙齿在说:"我决不能这样下去!"

这是第一件事情,还有一件事情在她的内心深处留下了很深的印象。

有位香港女职员,资格很老,动不动就喜欢支使人给她办事,吴士宏就是她主要的支使对象。

一天,这位女士对吴士宏说:"如果你想喝咖啡就请告诉我!"

吴士宏丈二和尚摸不着头脑,不知这位自以为是的女人在说什么。

这位女人说:"如果你喝我的咖啡,每次都请你把杯子的盖子盖好!"

吴士宏本来是一个很会忍气吞声的人,这次女性的温柔全都不见了,因为她把自己当成偷咖啡喝的小毛贼,是一种人格上的侮辱:她顿时浑身战栗,就像一头愤怒的狮子,把埋在内心的满腔怒火全部发泄了出来……

吴士宏想:有朝一日,我要去管公司里的每一个人,不管他是外国人还是香港人!

甘愿自卑,就只能沉沦下去,不甘自卑,就会产生无穷的推动力:吴士宏为了寻找自己的最佳出路,吴士宏每天除了工作时间就是学习。与她一起进入IBM的人员中,她第一个做业务代表;她第一批成为本土经理;她成为第一批去美国总部进行战略研究的人;她第一个成为IBM华南地区总经理——也就是人们常说的"南天王"……

最终,吴士宏登上了"微软(中国)公司总经理"的宝座,她用自己的行动证明了自己的成功。

第八章

心灵充电，爆发自己的能量场

身体和心灵散发的能量场决定着一个人的生命力，也决定着一个人的气场。只有身体和心灵协调统一，我们才能够释放出强大的能量场，才能够拥有积极向上的气场，才能冲击人生的目标，实现人生的理想。回归自然、与内在连接、调整心态、与潜意识沟通……这些途径都能够提升我们身体和心灵的能量场，下面，让我们一起踏上这个神秘之旅！

保持初心

"人之初,性本善",这句话告诉我们,每个人最初的本性都是纯洁而善良的。在这个纷繁的世界中生活,时时处处都充斥着尔虞我诈、勾心斗角,这在不知不觉中就会使我们受到影响,于是每个人的内心又多了一些虚伪,多了一些狡诈,更多了一些冷漠。这些后天的经历逐渐影响到我们的能量和气场,让我们遭受污染。正因如此,每个人才有了不同的人生际遇。

南怀瑾先生说:人之所以苍老,是由于受一切外界环境和自己情绪变化的影响;而保持一颗质朴的心,可以让生命永远保持健康,让生命永远保持青春,把自己归与自然,回归生活的原始本色。

从前有一位非常有名的画家,他想要画一幅佛陀画像,但是因为佛陀是没有真实形象的,所以画家用了几年的时间都在寻找自己理想中的参考形象,最后他发现了一个表情严肃、轮廓分明的年轻人,他觉得这就是他心目中的佛陀形象,于是他重金邀请了这位年轻人做模特。不出所料,这幅画展出后,受到了各界的赞赏。而在数年后,画家又开始思考:怎样才能够突破自己呢?用美与丑形成对比营造强烈的艺术效果应该是最好的办法,他想,佛陀是最庄严的,而恶魔是最丑陋的,就画一幅最丑陋的恶魔像吧。

于是，画家开始寻找自己心中想象的那个相貌极端丑陋的人，又过了几年，他终于在监狱中找到一名死刑犯，与他心中所想的基本吻合。当画家即将完成这个大作时，这名死刑犯不由得哭了起来，说："几年前，我就作过你的模特，那时你画的是佛像；而现在，你画恶魔，竟然再次选中我。"

画家一下子惊呆了，他问："为什么会变成这样？我原来见到你的时候，你是那样的阳光与庄严，现在怎么沦落到这步田地？"死刑犯告诉他："因为你在画完画之后给我很多钱，我便开始安于享乐，把所有的钱都挥霍一空，造下无边罪业，才落得今天的下场。"

佛家说："相由心生。"同样的一个人，本来拥有庄严的佛相，没想到日后却被恶习所染，污染了心境，成了"魔鬼代言人"。在这个故事里，什么都没有变，变的只是他的一颗心。

在现代社会的浮躁风气之下，能保持初心不动，不被欲念沾染的，又有几人？所谓初心，就是一颗没有受到世俗影响的之心，如婴儿般纯洁。随着慢慢长大，人世的种种观念不断侵蚀着我们的身体和心灵，也让我们渐渐失去了最初的纯洁之心。"机心"这种尘世间的钩心斗角、尔虞我诈的争名夺利之心渐渐消耗我们的能量，污染我们的气场，让我们离纯洁的本源越来越远。只有收起"机心"，保持一颗原有的"初心"，才能避免在尘世中迷失自我，永葆自身的清新明净。

休憩中获取宇宙能量

英国诗人勃朗宁曾经说过这样一句话:"真理永远只在你的内心中,外界的事物并不能左右你的信念。所有的人心底都有一个神秘的中心,所有的真理就寄居在这里。"这句话的意思就是在告诫我们,无论做什么事,都要忠于自己的内心,听从自己内心的声音。如果觉得自己的选择是正确的,那么就沿着它坚定地走下去。

每个人的内心世界都是充满智慧的,我们的一言一行都是以满足内心需要为前提的。这种需要是别人的经验所不可能代替的。每个人的身体都是内心都蕴藏着巨大的能量,在每天快节奏的社会生活中,这些能量会被大量消耗。此时,内心的声音就会告诫我们:请放慢脚步,给自己一个喘息的机会。在休憩中攫取宇宙能量,才能够更好地在现实世界中创造。

一天晚上,玛莎接到了主编的电话,要求她当晚赶写一篇重要的稿件,第二天一早便要刊发在当天的报纸上。这篇文章不仅紧急,而且涉及很多专业知识,让她大伤脑筋。玛莎思考了很久,查阅了很多资料,依然不知从何落笔。

她疲惫并且绝望,便决定把这一切烦恼抛之脑后,早早睡觉。这一觉便睡到了第二天清晨,早上她睁开眼睛,脑海里顿时浮现出昨晚翻

看的各种资料,更为神奇的是,这些资料竟然像被加工过一样,既清晰又有条理。她安静地躺在床上认真地思考了几分钟,一篇完整的文章便呈现在了她的脑海里。

玛莎立刻跳下床,直奔书房,然后开始奋笔疾书,不一会儿功夫稿子就完成了。从此以后,她就开始使用这种方法,不管多么复杂难做的稿子,只要在睡前在头脑中思考片刻,那么,一觉醒来之后就会很容易完成。久而久之,这种工作方式也开始那蔓延到她的生活中,她总是将生活中一些比较复杂的问题留到第二天,因为那时的思路会更加清晰。

由于人们在工作或生活中常常会感到压力,使得自身的气场也随之紊乱。这时,适当的睡眠可以使身体得到充分的休息,使精神获得完全放松,从而激发我们自身的各种潜能。著名的发明家爱迪生也说过,他之所以总是保持充沛的精力和耐力,就是因为他想睡就睡的习惯。

然而,适当的睡眠并不是我们恢复精力的唯一方法。著名作家丹尼尔·何西林在他的名叫《为什么要疲倦》的书里讲到:"休息并不是绝对什么事都不做,休息就是修补。"除此之外,你还可以每天利用几分钟的时间进行冥想,将全部注意力集中在所想象的东西上,渐入佳境,让身心彻底放松。同时,身体的各部位也要配合你的冥想。试着闭上双眼,用手指尖按摩自己的前额或后脖颈,要注意保持同一方向。再试着使用腹部呼吸,也就是呼气时腹部鼓出,吸气时腹部紧缩,最后放松,腹部恢复原状,正常呼吸数分钟后,再重复这一过程,可以让你的身体机能达到最好的状态。

当然,你也可以尝试各种不同的新方法,做一些自己不常做的事。比如,双脚蹦着上下楼梯,在自己喜欢的时候哼唱自己喜爱的歌,选择一项自己感兴趣的运动,坚持下来,在精神紧张时,以运动放松自己。

休息的时候,如果能始终保持平和、宁静、淡然的状态,就容易

从宇宙间获取有益的信息。当你的渴望在心里印刻得越深，醒来的时候梦想就越容易成真……

绘制精神图景

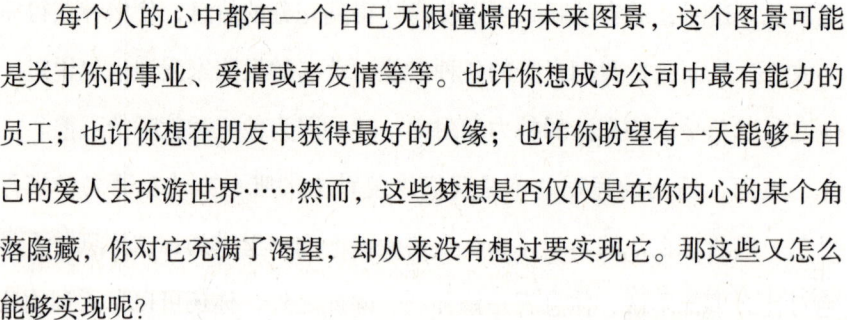

每个人的心中都有一个自己无限憧憬的未来图景，这个图景可能是关于你的事业、爱情或者友情等等。也许你想成为公司中最有能力的员工；也许你想在朋友中获得最好的人缘；也许你盼望有一天能够与自己的爱人去环游世界……然而，这些梦想是否仅仅是在你内心的某个角落隐藏，你对它充满了渴望，却从来没有想过要实现它。那这些又怎么能够实现呢？

有一位牧师准备建一座如伊甸园般的水晶大教堂，他的朋友问他有多少钱，他回答说："我现在身无分文，但是我认为这座教堂本身就有足够的魅力能够吸引人们的捐款。"教堂最终的预算是700万美元。大家都觉得这是一个不可能实现的妄想，然而他还是坚持自己的想法，并开始执行自己的募捐计划。

他先在心中拟好了这座水晶教堂的轮廓，甚至连它需要多少根柱子，多少面窗户都计划好了。接着他在纸上准备了9种募捐计划：寻找1笔700万美元的捐款；寻找7笔100万美元的捐款；寻找14笔50万美元的捐款；寻找28笔25万美元的捐款；寻找70笔10万美元的捐款；寻找100笔7万美元的捐款；寻找140笔5万美元的捐款；寻找280笔2.5万美元的

捐款；寻找700笔1万美元的捐款。

一个月后，牧师真的募捐到了善款，捐款的是一位美国富翁，他对水晶大教堂很感兴趣，于是捐了100万美元。40天后，一对夫妻又捐了2000美元。60天后，一位陌生人给他寄来了一张100万美元的支票。半年后，一名捐款者对他说："假若凭借你的真诚和坚持能够筹到600万美元，剩下的100万由我来支付。"

第二年，他以每扇500美元的价格请求美国人认购水晶大教堂的窗户，付款办法为每月50美元，10个月分期付清。6个月内，窗户全部售出。10年后，可容纳一万多人的水晶大教堂竣工，成为世界建筑史上的奇迹和经典，这座水晶教堂的所有花费已经超出预算，全部由牧师一人一点一滴募捐筹集。

信仰是人类认识自己智慧和力量的结果，由百折不挠的信念所支持的人的意志，比那些似乎无敌的物质力量具有更大的威力。

当然，我们所有的梦想都不是一蹴而就的，都需要一个实现的过程，在这个过程中，我们应该努力使自己的梦想变得清晰、伟大，有如那庄严而神圣的水晶教堂一般。然而，即便是那些听起来十分理想化、十分传奇的事情，也都是从一张纸、一支笔甚至是一个清单开始的。

清晰的精神图景首先要将抽象的理想描绘成一个具体的画面，这一点非常关键，因为它构成了你的理想蓝图基础。这就好比一个建筑师，无论他是想修建一座高楼大厦，还是仅仅盖一间小木屋，都要先在图纸上画好图，而不是天马行空、随意乱造。只有当这个理想蓝图成型，并将它分为若干个具体的目标，就离理想的实现不远了。这是一个过程，不可能一下子就能完成的，"具体化"就是将精神图景转化为现实不可缺少的阶段。

成功就像一场马拉松比赛，很多时候终点似乎遥不可及，但如果

我们能把前方不远处的风景当做路标，比如第一个标志是银行，第二个标志是一棵大树，第三个标志是一座红房子……只有这样细化的人生，才能充分调动自己的能量，把不可能变为可能，实现生命中的美好图景！

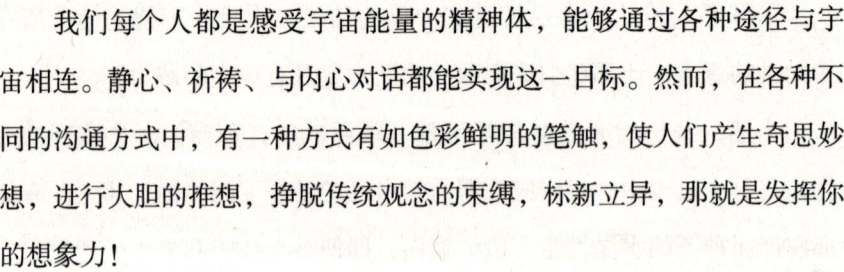

放飞想象，让生命充满灵动感

我们每个人都是感受宇宙能量的精神体，能够通过各种途径与宇宙相连。静心、祈祷、与内心对话都能实现这一目标。然而，在各种不同的沟通方式中，有一种方式有如色彩鲜明的笔触，使人们产生奇思妙想，进行大胆的推想，挣脱传统观念的束缚，标新立异，那就是发挥你的想象力！

翻开历史的画卷，从古至今，那些在人类历史上做出重大贡献的人，有一个共同点就是他们都具有一种不可缺少的能力。法国学者狄德罗讲过这样一句话："想象，这是种特质。没有它，一个人既不能成为诗人，也不能成为哲学家，也就不成为人。"现代物理学的开创者爱因斯坦认为："想象力比知识更重要，因为知识是有限的，而想象力概括着世界的一切，推动着进步，并且是知识进化的源泉。严格地说，想象力是科学研究中的实在因素。"因此，不管是在人类生活的哪个领域，想象力都发挥着非常重要的作用。

1882年，费勃出生在地中海边的法国马赛市，爸爸是一位造船师。

有一天,小费勃跟着爸爸来到海边玩,看到远处的大海上驶来了一条船,便好奇地问:"爸爸,船为什么能在水里跑呀?"

"船下有螺旋桨,能够划动水,水动了,就把船推走啦。"爸爸乐呵呵地说。

"有没有在天上飞的船呢?"小费勃好像要打破沙锅问到底。

"傻孩子,那就不叫船啦,应该叫飞机才对。不过,飞机只能在天上飞,不能在水上跑。"

"嘿!长大了,我一定要造一艘能飞到天上的船。"小费勃握紧了拳头。

"好啊,有出息,现在好好学习,将来就能实现这个美好的愿望!"爸爸欣慰地拍了拍小费勃的肩头。

1905年,23岁的费勃在完成了工程学、空气动力学等科目的学习之后,开始制造飞船。他经过不断实验,最终使第一艘水上"飞船"问世,实际上就是在普通飞机下安装3个浮筒,让它能够浮起来却飞不起来。四年后,他又造出一艘更加灵巧的"船",他将机身前面安装了一个浮筒,机翼下面安装了两个浮筒。整个"船"使用的材料都是木头,浮筒由胶合板制成,整个"船"既轻巧又灵便。

1910年,费勃带着这艘特别的"船",在众人面前开始了试验。他先是启动了发动机,然后一阵轰鸣声过后,"船"犹如离弦的箭一般飞起来,刹那间,水面上便形成了一道明显的水波。船以每小时60千米的速度向前飞行了500米左右。事实证明,他胜利了!因为他创造出了人类第一艘能够飞上天的船,也是第一架能够从水面上起飞的飞机!

1911年,船舶展览会在摩纳哥举办,费勃驾驶着自己设计的这艘船进行了精彩的水上飞行表演,又一次获得成功。目前,科学家又进一步改进了费勃设计的水上飞船,把机身改成了船形,取消了浮筒,成了真

正的"飞船"。

一个童年时的想象，费勃将其变为了现实，从而创造了飞船。很多的伟大的成就，都是从跳跃的想象开始的。想象能够充分激发人体潜藏的能量，它会让气场变得活跃而充满创造力，这样的气场具备了创造奇迹、改写历史的能力。

由此可见，在人的一生中，想象力有如一个可爱的天使，它时刻围绕在你的身边，在你遇到窘境的时候，给你灵感，激发你的创造力，让你充满气场。因此，如果想让你的生命永远光鲜亮丽，那就为自己插上一对想象的翅膀吧！

不断刷新和升级自己

目前特别流行的词汇——升级，用在思维方面，仍然有其适用的道理。升级就是在原来的基础上更进一步，改掉原来的不足，让优势更突出。可以说这种升级思路已经成为现代社会不可或缺的一种需要，因为现代社会是一个知识更新非常快的时代，如果不形成这种升级思路，将很快不能适应现代社会的需要，必然会被这个社会所淘汰。因此，可以毫不夸张地说刷新思路、升级思路是人的生命线。

2006年有两个年轻人同时应聘并任职于一家公司，一个是名牌大学管理专业毕业的小王，另一个是普通大学毕业的小赵。这两个年轻人都很活泼，在公司担任几乎相同的职位，只是起薪有所不同。小王虽然在大学里储备了丰富的知识，也能按部就班地执行工作任务，但是好像过于自信，不喜欢征询别人的建议；而小赵似乎觉得自己的学历背景不够好，很有压力，每天仔细地观察别人如何完成工作，并经常征求领导的建议。

一天，老板加班到10点，正要离开办公室，发现小赵还在，就问他很晚了怎么还没走。小赵告诉老板，他觉得自己完成工作有些吃力，便每天晚上在国外网站查找些学习资料，提高自己的业务水平。老板点了点头，给他推荐了两个不错的专业网站，就离开了公司。

一年过后，这两个年轻人的工作能力有了很大的差别：小王和刚入公司一样，没有太多的提高；而交给小赵的任务，总能又快又好地完成。并且小赵还提出了很多改善公司、创造效益的好点子，有一些被采用了。作为老板，谁都会提拔那些有上进心，并且能为公司作出大贡献的人。经过上下部门的一致认同，小赵被提拔为部门的组长，职位和薪水都高于小王。

事实上，不是小王做得不好，而是小赵做得更出色。名牌大学的背景并不能让人进步，而优秀的学习能力才是走向成功的关键。可能小王还在怀念自己辉煌的过去，而小赵正在悄无声息地学习，赶超同龄人。事实就是这么残酷，如果你进步缓慢，你就会被身边数以万计的人超过。

每个人都是站在同一个起点之上，关键在于有了这个起点之后你会怎样？是选择不断学习给自己充电还是选择止步不前呢？你的选择就会决定你的将来是成功者还是失败者。在人们拼搏奋斗的任何领域里，都有同样的教训：今天的胜利轻易就会变成明天的失败。1896年首届现代奥林匹克运动会上马拉松冠军的成绩，只能和1990年波士顿的马拉松比赛入围成绩相提并论。而1990年入围波士顿马拉松赛的人数多达

9 000人！这正说明了人们的思维是在不断刷新的。

在这个竞争激烈的世界里，周围强者如林，你的对手，你的同行，无不兢兢业业，日夜精进。他们深深知道，为了取得优势就必须改善自己。如果身边的人一日千里，而我们却选择原地踏步，两相对照，其实是等于将可能属于自己的成功拱手相让。

现代社会，你的工作内容在不断变化，客户的需求和兴趣在不断变化，你不可能一劳永逸地掌握满足需要的知识或经验，你必须能够跟上节奏，不断给自己充电，不断学习，就像给自己的电脑升级一样，提高自己各个方面的素质。唯有这样，你才有可能保持良好的竞争力。

有一个朋友工作的公司被一家法国公司兼并，公司新总裁宣布：公司不会随意裁员，但如果员工的法语太差，以致无法和其他员工交流，那么他很有可能被裁掉。公司将通过一次考试来检验他们的法语水平。当其他的员工都涌向图书馆，开始补习法语时，只有一位叫马凯的员工和往常一样没有表现出紧张的神情。所有人都认为他可能已经放弃这个职位了。但是当考试成绩公布后，马凯的成绩却是最高的。

原来，马凯自从大学毕业来到这家公司后，就认识到：同别人相比，自己无论是在知识上还是在经验上都没有高于他人的地方。从那时起，他就开始通过各种形式的学习来实现自我提高。公司的工作虽然很忙，但是马凯每天都坚持学习新的知识和技能。因为是在销售部工作，他看到公司的法国客户有很多，但自己不会法语，每次与客户的往来邮件与合同文本都要公司的翻译帮忙，有时翻译不在或兼顾不上的时候，自己的工作就要受影响。虽然公司没有明文规定要学法语，但是马凯还是自觉地学起了法语。对马凯来说，公司被兼并这样的事情显然不是他所能决定的。但是他能够通过积极的学习，增加自己的技能，从而顺利适应了新任领导的要求。

关于成功的秘诀，李嘉诚的回答很明确：靠学习，不断学习！李嘉诚小时候是非常喜欢念书的人，成功后仍然继续学习，尽量看新兴科技、财经、政治等有关报道。每天坚持看英语电视，温习英语。李嘉诚从小就喜欢学习，到了香港后，他坚持半工半读。父亲去世后，他做推销员时还不忘在工作闲暇时进修功课，他曾深有体会地说：年轻时代在兴趣的驱使下，如饥似渴地寻求新知识，事实证明当初学习的冲劲，对日后事业发展有极大帮助。李嘉诚自创办塑胶企业，到投资房地产、投资股市、入主英资公司，也许有人说李嘉诚的成功在于幸运和机遇。但机遇偏爱有头脑的人，正是由于李嘉诚永不停步的学习，才使得他成为一个人人羡慕的香港超级富豪。

假如你每天花一个小时的时间用来学习你不知道的知识，那么在五年之后，你就会为它给你的生活带来的影响而感到惊讶。

如果你想集聚更多的财富，就必须不停学习，学习新的知识，学习新的赚钱方式，来升级自己的思维。当然，人的精力有限，你不能指望自己用一生的时间学尽所有的知识。你只要去学习那些与你的事业密切相关的知识就可以了。一个研究生要写毕业论文，在确定了题目后，就需要阅读与论文题目相关的书籍。如果他一头扎进图书馆里，不加挑选就开始阅读，那么他在规定的时间里很难写出一篇好的论文。所以说在升级的过程中也要抓住重点。

提问是学习过程中一个非常重要的环节。在古希腊时期，埃及港口城市亚历山大拥有全世界最大的图书馆，处于文化艺术发展的鼎盛时期，是世界的知识中心。是什么让它的文明空前繁荣呢？那就是：任何船只，都必须奉上随船书籍供抄录之用，否则不得入港。

可以效仿亚历山大古城的做法，向每一个走进你生活的人提问，期望发现新的观点、有用的信息和珍贵的经验，丰富你知识的储备。

与此同时还要学会独立思考。成功者提出的问题不断，但对答案并非全盘接纳。信息本身并不具备太多价值，当你不假思索，连别人的结论也一并接纳时，它会具有相当的危害性。在你接收信息的过程中，要不断问自己："它和我的前途、行业、生活有什么联系？"仔细验证信息的来源，看你自己是否会得出同样的结论。

坚持不断学习通过学习提升自己的综合素质，你才能赶上社会快速前进的步伐，不会被社会淘汰。

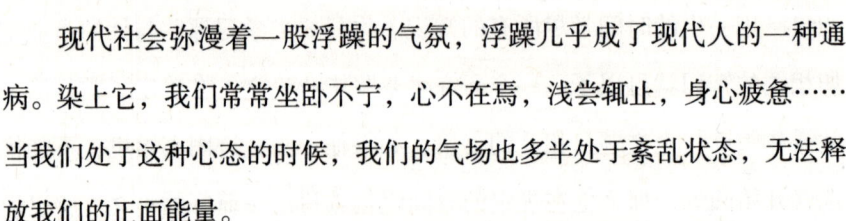

开启动力气场

现代社会弥漫着一股浮躁的气氛，浮躁几乎成了现代人的一种通病。染上它，我们常常坐卧不宁，心不在焉，浅尝辄止，身心疲惫……当我们处于这种心态的时候，我们的气场也多半处于紊乱状态，无法释放我们的正面能量。

气场是真实反应人内心深处、意识深层的能量场，与我们的心态状态密切相关。同一个人在不同的时刻，因为思想、性情、情绪的不同，会有不同的心态。不同的心态也表现出截然不同的气场——或强或弱，或和谐或紊乱等。可以毫不夸张地说，人们可以通过改变自己的心态来改变气场，进而改变生活和命运。

那么，我们该如何调整心态，开启动力气场呢？

获得成功气场有两个重要的前提：一是坚决，二是忍耐。意志坚

决的人也会遇到挫折，但他绝不会因惨败而一蹶不振。

电影巨星席维斯·史泰龙曾经非常落魄，身上只剩100美金，连房子都租不起。那时候的史泰龙立志当一名演员，他自信满满地到纽约的电影公司应征。因外貌平平及咬字不清，史泰龙总是遭到拒绝……纽约500家电影公司都拒绝了他之后，史泰龙依然在坚持。不同的是，这次他写了一个剧本。不过，这次也并不容易，他的剧本遭遇了1854次拒绝。但是，史泰龙还是再次出发了。在被拒绝了1855次之后，终于找到一个愿意接这个剧本的公司，但对方却不同意他在电影中演出。史泰龙答应了，他继续坚持，等待机会。

经过了多年努力，坚持不懈的史泰龙终于成为了超级巨星。

韧性是人们在极其艰苦的情况下仍然能够保持热情的精神，坚韧是一种永不退缩、不达目的誓不罢休的王者精神。拥有这种精神，你的气场就有了不竭的动力来源，它会伴你走向成功之路。只要你确定人生的目标，专注于你的目标，那么你所有的思想、行动及意念都会朝着那个方向前进。

抱怨是破坏人际关系的毒药，更是腐蚀人生能量的不良心态。生活中偏偏有很多人喜欢抱怨。他们抱怨家人、抱怨朋友、抱怨上司、抱怨同事，仿佛只要与他有接触的事或人他都无一例外地抱怨。因为这些抱怨，他们每天都在抑郁的心情下度过，不仅损害了自己的气场，还伤害了他人的气场。这样，在抱怨的世界里，每个人都不轻松。

如果你将大量的时间都消耗在怨天尤人、独自哀叹，那么你想要努力改变现实的时间和能量也就相应减少了。过多的抱怨是于事无补的，它只能让你不断地肯定自己是不幸的这样一个想法。你的能量被这些消极的情绪所消耗，从而失去了采取积极行动的力气，当下一个困难降临时，你依旧会继续抱怨下去。

实际上，解决问题的办法很简单。要想控制自己想要抱怨的情绪，你需要时刻提醒自己不要发牢骚，面对现实，努力去改变。生活中，时有不如意的事情发生，请千万不要忧虑，不要企图以牢骚来解决问题。就像种子，它们从不抱怨出现在自己成长的过程中的石头和沙砾，而是不断地把自己柔嫩的绿芽一点一点向上顶出，透过石头和沙砾，直到露出地面，长出枝叶，开花结果。

除此之外，还有更多的方法能够让你调整心态：接受自己、从正面角度想问题、培养积极乐观的性格……美国科学家曾通过研究发现，一个人一生的能量全部收集起来换算成电能，可以照亮北美大陆一个星期，如果用金钱去衡量，相当于数百亿美金。不要忘了，你是世界的主人，你可以想到更多的办法调整心态，让你的气场爆发。

此刻的你，不妨仔细思考一下：你现在的人生处于什么样的位置？你的心态处于什么样的状态？境遇并不能决定我们的命运，调整心态，你就能改变未来！赶快调动你内心的强大能量，引发你的心态革命吧！

清除灵魂垃圾

现代社会飞速发展，人们每天都要从外界接受大量的信息和能量。人人都要接受挑战、面临压力。不可避免地，很多负面的信息和能量会侵入我们的身体和心灵，使我们的能量削弱，气场受到污染，内心充满痛苦。所以，我们必须要启动心灵能量守护程序，从心开始，清除灵魂的垃圾!

凯瑟琳女士的脾气很急躁,总是生活在非常紧张的情绪之中。每个礼拜,她都要从圣马特奥的家乘公共汽车到旧金山去买东西。可是在买东西的时候,她也愁得要命——也许自己的丈夫又把电熨斗放在熨衣板上了;也许房子烧起来了;也许她的女佣人跑了,丢下了孩子们……最终,她的丈夫因受不了她的坏脾气而与她离了婚。

凯瑟琳的第二任丈夫是个律师,他是一个内心十分冷静、遇事不慌不忙的人,也从来没有为任何事担忧过。每当凯瑟琳紧张焦虑时,她的丈夫就会对她说:"冷静一些,让我们好好分析一下……你所忧虑的究竟是什么?然后分析这件事情到底会不会发生,发生的几率有多大。"

有一次,凯瑟琳和她的丈夫到图坎山谷露营,他们将营帐扎在海拔2000多米的地方。一天傍晚,天空突然下起了暴风雨,风裹挟着雨水吹得帐篷好像要被撕碎一样。帐篷是用绳子绑在一个木制的平台上的,帐篷在风里抖着,摇着,发出令人恐怖的声音。凯瑟琳一直都在担心:我们的帐篷肯定要被吹到天上去了。她感到非常害怕,然而她的丈夫却一直安慰她说着:"亲爱的,印第安向导告诉我们不会发生什么危险,他们在这里扎营了60年,帐篷从来都没有被吹掉,他们对这一带很了解,也很有经验。从概率上讲,今天晚上帐篷也一定不会被吹掉。即使被吹掉,旁边还有别的营帐,所以不用担心什么。"听了丈夫的话,凯瑟琳也就放下心来,后半夜睡得十分熟。

类似的事情还有很多。每次当凯瑟琳紧张惶恐时,她的丈夫都能够镇定自若地让她冷静。久而久之,凯瑟琳也感觉到那些自己所忧虑的事情很少发生,于是,她逐渐排除了自己焦虑的心理,认真地享受生命的每一天,变化就在她的身上一点一点地发生了。

"从概率上来看，这种事情是不会发生的。"这句话一般都能赶走你90％的忧虑，使你的生活过得舒心。人生苦短，把能量用在更有意义的地方才是能实现自己的人生价值。

当然，焦虑是人的负面情绪的一种。此外还有紧张、恐惧、抑郁等情绪都会在某种程度上影响着人们的生活。因此，每个人都要尽自己所能去克服这些消极情绪，只有这样才能让自己的生活过得快乐和平安，实现身体和心灵的和谐。

激发超强潜能

有一名撑竿跳运动员，尽管他不断尝试新的高度，但每次都以失败告终。他既沮丧又苦恼，甚至怀疑自己的能力。

有一天，他来到训练场，摇头对教练说："我实在跳不过去。"

教练平静地问："你是怎么想的？"

他如实回答："只要踏上起跳线，一看那根高悬的横杆，我心里就想，那是不可能的，我不可能越过它！"

教练看着他，突然厉声喝道："听着！你现在要做的就是闭上眼睛，先让你的心从横杆上跳过去！"

教练的训斥，让他如梦初醒。于是，他遵从教练的吩咐，重新撑杆。

这一次，他顺利地一跃而过！

教练欣慰地笑了，语重心长地说："记住，先让你的心从横杆上跳过去，你的身体就一定会跟着过去。"

这就是"撑竿跳沙皇"布勃卡的成功秘诀，布勃卡是举世闻名的奥运会撑竿跳冠军，他曾数十次打破撑竿跳世界纪录，他保持的两项世界纪录，迄今无人打破。

布勃卡的成功告诉我们：每个人的心中都有一个沉睡的巨人，唤醒这个沉睡的巨人，你就能轻松创造奇迹！

潜能是指人体中蕴含的还没有被开发出来，也没有发挥任何作用的各种力量，包括体力、智力、心理素质等。那么，人到底有多少潜能呢？这是一个很难回答的问题。假若用海下面的冰山来形容潜能，露出海面的，只是冰山一角，而隐藏在海平面之下的巨大冰山，才是我们尚未开发出的潜能。那么，该怎样开发这些潜能呢？也许在下文中你能找到答案。

布洛克是一位销售人员，销售业绩一直都不错。然而，在最近的三个月中，所有的客户似乎一下子都消失了。他费尽心思地同客户谈判，结果总是在最后时刻以失败告终，他认为有一种无形的力量在阻碍着他。因为，在3个月前，他的性情变得非常容易发怒。他对一位医生的行为很是愤怒，因为这位医生答应要和他签一项协议，却不守信用，使他感受到了失败的滋味。所以，从此之后，他就始终生活在恐惧中，总是担心其他客户也会像医生那样食言。久而久之，他开始变得沮丧、充满敌意，导致不想发生的事情却总在接连不断地发生。他一直在说"最害怕的事情还是发生了"。庆幸的是，他后来已经意识到自己的问题所在，他要改变这种扭曲的心态。

"我知道我的潜意识是由我控制的，而不是控制我。我总是期待着生活美好的事情发生。我的内心就是我思想的反应，我的目的就是要

为客户提供最好的服务，惠及更多的人。假如我改变一下心态，一切都会变得美好。"几乎每天在工作之前或睡觉之前，他都坚持这样想。不久，他的潜意识中就建立了这种新的习惯模式。他又开始像以前一样，顺利地做起生意，后来成了一个成功的商人。

布洛克成功了，因为他激发了蕴藏在自己潜意识里那股强大的能量。当我们响应内心潜意识的召唤，便可以使气场流动，一股积极的力量也会随之自动地流露出来，充满爱与和谐。这种随性是一种状态，也是一种念头，来自内心，并在顺其自然中流动，不受任何控制，没有任何限制。

如果你也想如布洛克那样成功，可以运用以下这个方法，它会帮你迅速接近成功。这个练习每次需要15秒，每天重复3次，地点和场所均不受限制。你只需放缓呼吸，放松全身，集中注意力对自己说：

我渴望……

我需要得到……

我一定要做到……

一定要拥有……

这个办法适用于每个人，它可以激励我们积极向上，不断突破现状，一步一步向成功走近。当你感觉到内心深处有一股不可抑制的激情在汹涌奔流时，当你发现自己是那么强烈地渴望去做某事时，当你的理想和自我意识发出无声的呐喊时，实际上这是一种标志，意味着你将开始有能力做某件事，并且必须立即着手去实现它。

第九章

自我规划,世界因我而出彩

要想拥有一个完满的人生,就要像建筑师一样,对自己的一生有所规划、有所设计,以确定这一步该如何走,下一步该如何做。这就犹如一张人生的蓝图,指引我们建造成功的大厦,实现人生的理想与目标。

人生规划六步骤

人生规划不仅是实现你长期目标的时间表,也是实现影响你平时生活的若干小目标的时间表。人生规划的目的就是要让你集中注意力,在一定的时间内,有效地利用你的脑力和体力完成一定的事情。实际上,注意力越集中,脑力和体力的使用就越有效。人生规划可以合理地分配你的精力。以下是人生规划设计的六个步骤。

步骤之一:

你要明确你的主要人生目标到底是什么。这里所说的主要人生目标是指你要用一生去追求的一个长远的比较固定的目标,其他的一切事情都是为实现这一目标服务的。这件事情对一部分人来说,是一个自我发现的愉快的过程;但对于另部分人来说,它可能会使人更痛苦。因为他们需要把其心绪拉回到年少的时代,在那个时候他们还没有对自己所怀抱的梦想产生疑惑。为了找到或找回你的人生主要目标,你可以问自己几个问题,比如"我是谁?""我想在我的一生中成就何种事业?""临终之时回顾往事,一生中最让我感到满足的是什么?""在我的日常生活中是哪一类的成功最使我产生成就感?"也许你很快就可以知道你的终极目标是什么,但是大多数人则不是这样的。他们在找到自己的终极目标之前往往需要在不同的场合对自己重复上面的这些或类

似的问题。每一次扪心自问时，你都要记下你的回答。当然，也许在最初，它们可能起不了什么作用，但是，经过时间的累积，你就会有恍然大悟之感。所谓幸福的人一般是都是这样的人，也就是他的工作和生活与他的目标在平衡中协调发展。举个例子来说，一个人如果有很强语言组织和表达能力、有很深厚的文字功底以及诲教倾向的人，那么他就很有可能从编辑、教师等工作中获得最大满足感。

步骤之二：

当明确自己的主要人生目标之后，你就要开始为实现这个目标而积极准备了。这个时候，职业的选择就是你要考虑的重点。你要明白，职业是一个帮助你实现这一主要人生目标的工具。对自己的职业作出合理的规划，与将领对一场生死战役作出严密部署，足球教练为一场重要比赛制定作战方案一样。你可以问自己："我的职业正在帮助我实现人生的最终目标吗？"如果答案是否定的，那就干脆重新更换职业。倘若更换职业是不现实的，那你可再进一步问一下自己："是否有一种途径可以让我现有的职业与我的人生基本目标一致起来？"对于第二个问题，答案常常是肯定的。例如，一个事业有成但又并不满足物质上富有的律师，他可能会利用他的部分精力做些公益事情并从中得到精神满足。又比如一个受雇于一家大公司的审计师可能会在工作之余到附近一所大学当兼职教授，从把实践经验概括成理论的讲授过程中得到他在日常枯燥工作中得不到的满足。最理想的职业方面的人生规划，应该是在你从学校毕业之时就开始进行了的。此时，只要你已经明确了你的人生方向，你就会知道自己适合一个什么样的职业。当然，不必多说，你一定会选择那份帮助你实现人生目标的职业。然而，你必须要记住的是：只要你还有力气、有能力，无论什么时候制定你的职业规划都不算晚。不管你是20岁出头刚刚步入社会的年轻人，亦或是年近40岁并且在一份

你不喜欢的工作之中艰难度日的中年人，你都可以选择制定适合自己的职业规划。

步骤之三：

在知道了你的职业会在你实现主要人生目标的过程中助你一臂之力后，你就要开始考虑如何制定适合自己的职业规划了。你需要制定一个具体的人生职业发展计划。这个计划既可以是一个五年的计划，也可以是一个十年、二十年的计划。不管是属于何种时间范围的计划，它至少应该能够回答如下问题：一，我要在未来5年、10年或20年内实现什么样的一些职业或个人的具体目标？二，我要在未来5年、10年或20年内挣到多少钱或达到何种程度的挣钱的能力？三，我要在未来5年、10年或20年内有什么样的一种生活方式？ 对于这些问题的回答将给你提供一份有关你自己的短期目标的清单。在形成这些目标的过程中，不要纯粹地依靠逻辑思维。这一类的选择，与你的创造力是分不开的，最好把你的情绪、价值和信仰等因素统统调动起来。

步骤之四：

在制定好以上较为详细的短期目标后，你就要着手策划如何去实现它们。举一个例子，你现在属于中层的管理人员，你的5年、10年或20年个人职业发展规划是你要成为一个高级主管。那么，如何才能顺利地实现这个目标呢？如果你能够回答好以下的问题，那么你就应知道自己该怎样做了。这些问题是：一，我需要哪些特别的训练才能使我够资格做一名高级主管？二，我该增加哪些书本知识？三，为使自己仕途坦荡，我需要排除哪些内部的政治上的障碍？四，我目前的上司在这方面是我的一个帮助还是一个障碍？五，在目前的这个公司我最终成为高级主管的可能性有多大？在这里的机会是否比在其他公司更大？六，得到这份职位者的一般教育程度、经验水平和年龄层次是怎样的？

步骤之五：

行动。行动是你将梦想变为现实的桥梁，也是最重要的一个步骤。因为良好的动机只是一个目标得以确立和开始的组成部分，但并非全部。假如只有想法，而不去行动，那么想法再怎么好也始终是想法而已，目标终不会实现。要想实现人生的主要目标，最重要的是要注意两个"陷阱"，一个是懒惰，另一个是错误，哪怕是小的错误。懒惰是事业成功的天敌。很多人不息地奋斗一辈子都没有能够完美地实现自己人生目标，更不用说懒惰者了。要想有一个无悔的人生，除了认准目标外，还要集中精力全力以赴。在实现人生终极目标的过程中，难免受到各种妨碍或各种诱惑，任何的闪失或偏差都会使你远离你的既定目标。然而，人非圣贤，谁人无过？只是在通往理想的艰难跋涉途中，尽可能少地犯错误，这样就可以尽可能快地达到你的目标。

步骤之六：

人生职业发展目标确立以后，并不是一成不变的，你要根据实际情况，不断地加以更新和修改。因为，人生目标通常都是根据特定的社会环境和条件制定的，一旦环境和条件发生变化，目标也要随之有所改变，更何况这样的目标尽管写出来了，但是并没有镶刻在石头上，它的存在只是为你的前进提供一个架构，指示一个方向。你是它的创造者，你可以在它看起来正把你引向歧途的任何时候更改它。缺乏一个明确的梦想，即对人生的 种设计，或许正是你很少得到提拔和不能够赚到更多金钱的原因。几年前，美国作家盖尔·希伊出版了一部畅销书，书名叫《开拓者们》，他在撰写这部书的时候，通过一份内容十分广泛的"人生历程调查问卷"，间接地访问了6万多个各行各业的人士，他发现那些最成功的人和对自己生活最满意的人有共同的特点，他们都善于结交亲密朋友，都在为实现一个难以实现的目标为努力奋斗着。相关学

者的研究显示，这些人觉得自己的生活是有意义的，并且比那些没有长远目标使其努力拼搏的人更会享受生活。正如西方一句谚语所说，"如果你不知道你要到哪儿去，那通常你哪儿也去不了"。

规划目标应考虑的因素

目标就像一盏指向灯，没有目标的人生注定是庸庸碌碌的。只有为自己制定一个合理的目标，生活才会有正确的方向。因此，每个人都应该为自己制定一个明确的目标，当然目标的设定并不是信手拈来，确立目标应从以下几方面进行考虑。

第一因素：了解自己想做什么

你是否曾问过自己，这一生到底想做什么。你想做的不是赢得别人的敬佩，也不是出于顾虑而减少愿望。当你说："我想明年夏天到马尔代夫度假。我梦想到南沙群岛度假，可现在我还支付不起。"或者说："我能做我想做的，可事实上我所做的只是我爸爸想做的。"

若按愿望关系分类，则可将人分为：

（1）确切知道自己在生活中想做什么并且去做的人。

（2）不知道也不想知道自己想做什么的人。他们害怕自己有理想。他们说："我实际想要的东西，从来没得到过。所以我干脆也不去想了。"他们宁愿想别人也想的东西和不会给他们带来任何风险的东西。这些人实际上并不知道他们想要做什么。还没等一个愿望出现在他们的意识中，就已被他们扼杀在摇篮里："我能做到吗？我有资格做吗？别人将会怎么说呢？如果我不能胜任它，结果会怎样呢？"如果说这些人也想做些什么的话，那也只是别人想做的而不是他们自己想做的。

（3）还有一类是看起来非常清楚自己想做什么的人，而实际上他们对此却一无所知。他们与上面提到的两类人的区别只在于：他们非常重视给别人留下一种印象，好像他们知道自己想做什么。这使得他们比较自信，看起来也比别人略高一筹。

（4）最后一类就是什么都知道的人……至少他们对什么都了解得比较清楚。

第二因素：了解自己能做什么

有一批青少年，他们根本不知道自己能做什么。这正如那些不知道自己想做什么的人一样。

这种人也可划分为三类：

（1）过低估计自己的人。

（2）无限高估自己的人。

（3）当然，也有一些人，他们能正确估计自己，能得到他们想要得到的东西。他们属于为数很少的一部分，他们很懂得知足。

其实，每个人都有多种才能，这些才能可分为最佳、较佳、一般三种。成才者，通常是最佳才能或较佳才能与成才目标一致发展的结果。就人才而言，成才有三种类型：再现型、发现型、创造型。再现型人才善于积累知识；发现型人才驾驭知识的能力强，并时常有所发现；创造型人才具有敏锐的洞察力和丰富的想象力，一些重大发明和突破，往往产生于他们手中。但"发现自己"并非易事，自己属于哪一种人才类型，哪一种才能是自己的最佳发展才能，往往需要经过反复实践才能发现。

第三因素：将目标和能力、现实相结合

这是因为，只有将我们实现目标的多种情况都考虑在内，我们的目标才能得以实现。

许多人都会产生这样的印象："我可以拥有我的邻居和我的朋友们所拥有的一切。"他们所要得到的东西，不再由他们实际的需求和支付能力来决定，而是由供应来决定。

他们的目标的实现也就不能与他们的能力相统一，缺乏与现实的联系。即使避此不谈，那么他们也会因为透支自己的能力而依赖于他人，进而几乎不再考虑他们的实际支付能力。许多青少年在找工作时，都注重找一份能多赚钱，看起来又稳定的工作，而不是找一份自己喜欢做的工作。

规划自己的每一天

要想规划好未来，就要从规划每一天开始。

（1）7：30：起床。英国威斯敏斯特大学的相关学者通过研究指出，人如果早上5：22—7：21分之间起床，其血液中有一种会导致心脏病的物质含量会增高，所以，在7：21之后起床会更有利于身体健康。起床后，打开台灯。"一醒来，就将灯打开，这样将会重新调整体内的生物钟，调整睡眠和醒来模式。"拉夫堡大学睡眠研究中心教授吉姆·霍恩说。接下来再喝一杯水。水是身体内成千上万化学反应得以进行的必需物质。早上喝一杯清水，可以补充晚上的缺水状态。

（2）7：30—8：00：洗漱时间。"要在早饭之前完成洗漱，这样能够避免牙齿受到腐蚀，因为刷牙后，在牙齿外面会有一层含氟的保护层。如果这个不可行的话，就在早饭之后半小时刷牙。"英国牙齿协会健康和安全研究人员戈登·沃特金斯说。

（3）8：00—8：30：吃早饭。"早饭必须吃，因为它可以帮助你维持血糖水平的稳定。"伦敦大学国王学院营养师凯文·威尔伦说。早饭可以吃燕麦粥等，这类食物具有较低的血糖指数。

（4）8：30—9：00：避免运动。来自布鲁奈尔大学的研究人员发现，在早晨进行锻炼的运动员更容易感染疾病，因为免疫系统在这个时间的功能最弱。步行上班。马萨诸塞州大学医学院的研究人员发现，每天走路的人，比那些久坐不运动的人患感冒的几率低25%。

（5）9：30：开始一天中最困难的工作。纽约睡眠中心的研究人员发现，大部分人在每天醒来的一两个小时内头脑最清醒。

（6）10：30：让眼睛离开屏幕休息一下。如果你使用电脑工作，那么每工作一小时，就让眼睛休息3分钟。

（7）11：00：吃点水果。这是一种解决身体血糖下降的好方法。吃一个橙子或一些红色水果，这样做能同时补充体内的铁和维生素C。

（8）13：00：在面包上加一些豆类和蔬菜。"你需要一顿可口的午餐，并且能够缓慢地释放能量。烘烤的豆类食品富含纤维素，番茄酱可以当作是蔬菜的一部分。"维伦博士说。

（9）14：30—15：30：午休时间。雅典的一所大学通过研究指出，每天中午午休30分钟或更长时间，每周至少午休3次的人，能够降低37%的心脏病死亡几率。

（10）16：00：喝杯酸奶。这样做可以稳定血糖水平。在每天三餐

之间喝些酸牛奶,有利于心脏健康。

（11）17：00—19：00：锻炼身体。根据体内的生物钟,这个时间是运动的最佳时间,舍菲尔德大学运动学医生瑞沃·尼克说。

（12）19：30：晚餐要少吃。晚饭如果过量的话,血糖就会升高,给消化系统带来负担,进而影响睡眠。晚饭要尽量以蔬菜为主,少吃富含卡路里和蛋白质的食物。

（13）21：45：看会电视。看电视有助于放松,帮助提高睡眠质量,但我们要提醒大家的是,尽量避免躺在床上看电视。

（14）23：00：洗个热水澡。"体温的适当降低有助于放松和睡眠。"拉夫堡大学睡眠研究中心吉姆·霍恩教授说。

（15）23：30：上床睡觉。假如你是早上7点30起床的话,现在就到了睡觉时间了。

一些生活中你不知道的身体小秘密！

1、晚上9-11点是免疫系统排毒时间,这段时间可以保持安静或听听音乐。2、晚上11-凌晨1点,肝的排毒时间,此时你的状态应该是熟睡。3、凌晨1-3点,胆的排毒时间,仍然是睡眠时间。4、凌晨3-5点,肺的排毒时间。这就是为什么咳嗽的人在此时咳得最厉害。这个时候不要吃止咳药,因为废积物需要排除。5、凌晨5-7点,大肠的排毒时间,也就是排便时间。6、凌晨7-9点,小肠需要吸收大量营养,此时就要吃早餐了。患病的人应该更早吃一点,在6点半前。不吃早餐是一种坏习惯,即便是少吃一点也比不吃要强。7、半夜至凌晨4点为脊椎造血时段,必须熟睡,不宜熬夜。

未来学业规划

大学，是青少年梦寐以求的地方。摆脱了初高中时代繁重的学业压力，学习生活变得轻松，而且大学中的娱乐活动也是多姿多彩的，这样悠闲自在的生活自然会对青少年充满着诱惑。上了大学，你不必再苦练题海战术，逃出了三点一线的枯燥生活，逃课成了司空见惯的事情，还有大把大把的时间自由上网，无拘无束。只是，时间多了，太多了，太自由了，心就开始茫然了，日子也开始变得空虚了。而这时，一份具体且适当的大学学业生涯规划就显得十分重要。

大学，是一个让人从半成熟走向成熟的阶段，在这个阶段，我们的人生观、价值观、世界观都在不知不觉中发生着改变，一个人的人格开始形成和完善。可以说，大学时代是我们人生中最重要的阶段。然而，进入了大学生活之后，有一些学生选择终日漫无目的，无所事事地度过，而四年之后，回首时却发现自己一事无成，只剩下哀叹和后悔。而你呢，希望面对以后的四年大学生活可以很满意的对自己说：这四年我没有浪费，这四年我学会了很多，这四年将对我的未来产生积极而深远的影响，这四年是我人生中值得回忆的四年！

大学是我们接受高等教育的圣殿，也是知识的宝库。大学生已经是成年人了，应当主动挖掘这座宝库，培养自己各种各样的能力。古话

说得好:"师傅领进门,修行在个人。"老师在课堂讲解之后,学生们需要对所学内容进行消化、理解,并且还要懂得充分利用大学图书馆以及互联网的资源来增加自己的知识储备,对所学知识进行扩展和延伸阅读,遇到问题时要主动与同学相互沟通和讨论,学生的自学能力与学业成绩有着密不可分的关系。在你走上工作岗位后,你会发觉那些知识是非常实用的。而一旦走出校门,你就再也找不到这样的免费资源了。

大学规划包括评估自我,确定短期和长期目标,制定行动计划和内容,选择需要采取的方式和途径四个步骤。首先进行自我评估,根据家长、老师和同学们的评价,借助于职业兴趣测验和性格测验,发现自己是一个较为外向开朗的人还是内向稳重的人,并对哪些问题较为感兴趣,如经济问题还是管理问题,或擅长哪些技能如分析、对数字敏感、语言表达能力等,同时也可分析出自己的一些弱点。

下面是大学四年制定的行动计划

大一:打好基础。转变传统的观念,将"要我学"变成"我要学",踏踏实实地学好基础课程,尤其要重视英语和计算机。做好大规划后,还要制定小计划,比如,坚持每天背英语单词、练习口语等,记住一定要坚持下去。根据自己的实际情况考虑是否修读双学位或辅修第二专业,并尽早做好资料准备。大一的学习任务相对轻松,可适当参加社团活动,担当一定的职务,提高自己的组织能力和交流技巧,为毕业求职面试打好基础。

大二:巩固和提高。在大二阶段里,不仅要把基础打牢,还要准备好从基础课过渡到专业课,浏览高年级课程,巩固和提高自己的知识水平。在这一年,英语和计算机认证书应该已经拿到了,并适当选读其它专业的课程,使自己知识多元化。可参加有益的社会实践,如下乡、义工活动,也可尝试到与自己专业相关的单位兼职,多体验不同层次的

生活，培养自己的吃苦精神和社会责任感。

大三：抓紧时间。在将大三知识学好的同时，还要把大四的课程尽量在这一年学完，因为到了大四，更多的时间要用来找工作或考研。对于很多同学而言，大三就到了即将把自己抛向社会的时候，所以还要多向大四的学长学姐们打听求职信息、请教面试技巧等等，以便自己求职时少碰壁。此外，利用假期时间为自己心目中的职业进行实践。准备考研或出国留学的同学，则要关注考试资讯，尽可能多渠道地搜罗各种资料。

大四：扬帆远航。目标已经明确之后，就要开始行动了。准备参加工作的，写好个人求职简历，参加各种招聘活动，尤其要关注一些专业的求职网站和论坛，也许会有意想不到的收获。准备考研或出国的，此时正是冲刺阶段，做足功夫，争取把目标拿下。在同学们为自己的前途忙得晕头转向的时候，毕业论文这一关可马虎不得，这是对你大学四年学习的一个检验，要对自己负责，别"剪刀加浆糊"就糊弄过去，想想被评上优秀论文是一件多么荣耀的事情啊。只要在大学前三年都能认真践行自己计划的同学，相信大四就是你收获的季节了。

未来职业规划

职业生涯规划应充分考虑人、环境、职业与成功的事业生涯之间的关系。那么如何规划职业生涯的呢？

下面具体的规划职业生涯应考虑的因素和步骤。

1. 确定志向。

志向是获得成功的基本保证。如果一个人没有志向，成功就不可能降临到他身上。有句话说得好："志不立，天下无可成之事。"立志是人生的重要一步，它决定着一个人的理想、胸怀、情趣和价值观的实现，影响着一个人的奋斗目标及成就的大小。所以，在制定生涯规划时，首先要确立志向，这是制定职业生涯规划的关键，也是职业生涯规划中最重要的一点。

2. 自我评估。

自我评估就是要正确认识自己、了解自己。因为只有这样，才能够正确选择自己的职业，选择适合自己的职业发展路线，才能对自己的职业生作出最好的选择。自我评估包括自己的兴趣、特长、性格、学识、技能、智商、情商、思维方式、思维方法、道德水准以及社会中的自我等等。

3. 职业生涯机会的评估。职业生涯机会的评估，主要是评估各种环境因素对自己职业生涯发展的影响，每一个人都处在一定的环境之中，离开了这个环境，便无法生存与成长。所以，在制定个人的职业生涯规划时，要分析环境条件的特点、环境的发展变化情况、自己与环境的关系、自己在这个环境中的地位、环境对自己提出的要求以及环境对自己有利的条件与不利的条件等等。只有对这些环境因素充分了解，才能做到在复杂的环境中避害趋利，使你的职业生涯规划具有实际意义。环境因素评估主要包括：（1）组织环境。（2）政治环境。（3）社会环境。（4）经济环境。

4. 职业的选择。职业选择正确与否，直接关系到人生事业的成功与失败。据统计，在选错职业的人当中，有80%的人在事业上是失败者。

正如人们所说的"女怕嫁错郎，男怕选错行"。由此可见，职业选择对人生事业发展是何等重要。

如何才能选择正确的职业呢？至少应考虑以下几点：（1）性格与职业的匹配。（2）兴趣与职业的匹配。（3）特长与职业的匹配。（4）内外环境与职业相适应。

5. 职业生涯路线的选择。

在职业确定后，向哪一路线发展，此时要作出选择。即是向行政管理路线发展，再向专业技术路线发展；还是先走技术路线，再转向行政管理路线……由于发展路线不同，对职业发展的要求也不相同。因此，在职业生涯规划中，须作出抉择，以便使自己的学习、工作以及各种行动措施沿着你的职业生涯路线或预定的方向前进。

通常职业生涯路线的选择须考虑以下三个问题：（1）我想往哪一路线发展？（2）我能往哪一路线发展？（3）我可以往哪一路线发展？对以上三个问题，进行综合分析，以此确定自己的最佳职业生涯路线。

6. 设定职业生涯目标。

设定职业生涯目标是职业生涯规划的重中之重。有没有正确的职业目标，在很大程度上决定了一个人事业的成败。没有目标就像大海中与风浪搏击的小船，失去了方向，不知道自己的未来在哪里。只有明确了自己的目标，才能保证奋斗的正确方向，就像海洋中的灯塔一样，引导你避开险礁暗石，走向成功。目标的设定，是在继职业选择、职业生涯路线选择后，对人生目标做出的抉择。其抉择是以自己的最佳才能、最优性格、最大兴趣、最有利的环境等信息为依据。通常目标分短期目标、中期目标、长期目标和人生目标。短期目标一般为一至二年，短期目标又分日目标、周目标、月目标、年目标。中期目标一般为三至五年。长期目标一般为五至十年。

7. 制定行动计划与措施。

行动是职业生涯规划中的关键一步。有了目标而没有行动，那目标就是一种空想，是不可能实现的，更谈不上事业获得成功。我们所说的行动，就是实现目标的具体方法，包括工作、训练、教育、轮岗等方面的措施。例如，为达成目标，在工作方面，你计划采取什么措施，提高你的工作效率？在业务素质方面，你计划学习哪些知识，掌握哪些技能，提高你的业务能力？在潜能开发方面，采取什么措施开发你的潜能等等，都要有具体的计划与明确的措施。这些计划要特别具体，以便于定时检查。

8. 评估与回馈。

有句话说得好："计划赶不上变化。"的确，在实际实践过程中，职业生涯规划会受到多方面因素的影响。有些影响因素是能够预测的，而有些则无法预测。在这种情况下，要使职业生涯规划行之有效，就须不断地对职业生涯规划进行评估与修订。其修订的内容包括：职业的重新选择；职业生涯路线的选择；人生目标的修正；实施措施与计划的变更等等。

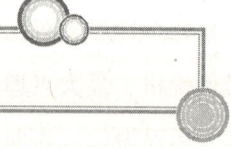

未来收入规划

未来走出学校，面向社会。刚开始收入都不是很高，但是要合理地利用好，规划好自己的收入，养成良好的习惯，为未来赚取更多的财

富做积累。

假设刚毕业你的月收入只有2000元，你也可以过得很好。我帮你把钱分成五份。第一份600元，第二份400元，第三份300元，第四份200元，第五份500元。

第一份，是生活费。600元的生活费，平均每天只能花十几块钱吃饭。早餐一个肉饼，一个鸡蛋，一碗粥足以满足身体所需的营养。中午吃一份快餐，一个水果。晚餐自己回家做饭，睡前还可以喝一杯奶。这样下来，600块钱已经足够。

第二份，用来广交朋友。400元用来交际可以说是比较宽裕。电话费用掉100元。每个月能够请两次客，每次150元。一定要记住，请那些比你有思想的人、比你更有钱的人，以及你需要感激的人。

每个月，坚持请客，一年下来，你的朋友圈应该已经为你产生价值了，你的声望、影响力、附加价值正在提升，形象又好，又大方。

第三份，用来学习。每个月可以有50元—100元用来买书。钱不多，买的书就要认真阅读，学会学了就用的精神。每一本书，看完后，就把它变成自己的语言讲给别人听，与人分享能够提高你的信誉度，而且还能够提升亲和力。其余的200元存起来，用于参加各种培训的费用。如果收入有所增加的话，或者有了点儿积蓄之后，就可以参加更高级的培训。参加好的培训，既可以免费结交志同道合的朋友，又可以学习平时难以领悟的道理。

第四份，用于旅游，一年奖励自己旅游至少一次。生命的成长来自不断地历练。参加那种自由行的旅游，住进青年旅社，地球其实并不大，每年都出门，几年下来，就可以把红旗插到地图上，许多美好的回忆，成为生命的动力，更加有热情和能量，去投入工作。

第五份，用于投资。先存起来，积累到一定程度之后，将其投到

股市里，或者当作进货的本钱，进行小规模的创业，比如你可以批发一些东西到淘宝上卖，即使亏了也是小亏，如果赚钱的话，你就多了一份自信和勇气，同时还丰富了你的阅历。赚的钱再多一些的话，你就能够开始进行长期的投资，为自己的未来做好保障，以便在以后的生活中，无论发生什么事情，都能够保证家人的正常生活，生活质量也不会因此而下降。

无论你的收入是多少，记得分成五份。增加对身体的投资，让身体始终好用，增加对社交的投资，扩大你的人脉，增加对学习的投资，加强你的自信，增加对旅游的投资，扩大你的见闻，增加对未来的投资，增加你的收益。

通过这些方法，你的资金就会有大量的剩余。形成一个良性循环。身体健康，你就有资本做更多有意义的事。朋友多了，你的人脉关系就会更加广泛。因为你参加了很多十分高端的培训，开拓了自己的眼界，知识丰富了，思维也会越加宽阔，心态平和，生活和谐。此时的你，正在逐步实现自己的梦想，购买自己梦想的房子、车子，并且给下一代打好了很好的基础。

人生是可以设计的，生涯是可以规划的，幸福是可以准备的。现在就可以开始。

贫穷并不可怕，年轻就是我们的资本。关键是要知道如何提升自己、如何投资、投资什么，要知道节约、如何节约。

如果你的收入满足了日常生活所需，那么剩余的就可以去实现你的梦想，张开你的翅膀大胆地飞翔，从而让自己的人生开始经历不一样的旅程。